Heinrich M. Robben

Soziale Demokratie und wirtschaftliche Selbstverwaltung

Eine christliche Gesellschaftsordnung

EDITIONES SCHOLASTICAE

Heinrich M. Robben

Soziale Demokratie und wirtschaftliche Selbstverwaltung

Eine christliche Gesellschaftsordnung

EDITIONES SCHOLASTICAE

Bibliographic information published by Deutsche Nationalbibliothek
The Deutsche Nationalbibliothek lists this publication in the Deutsche Nationalbibliographie; detailed bibliographic data is available in the Internet at http://dnb.ddb.de

53819 Neunkirchen-Seelscheid
www.editiones-scholasticae.de

ISBN 978-3-86838-243-3

2021

Printed on acid-free paper

Printed in Germany

Inhaltsverzeichnis

Vorwort

Die folgende Studie stellt ein Gesellschaftsmodell vor, das sich als Umsetzung und Anwendung einer der wichtigsten Sozialenzykliken der katholischen Kirche versteht, der Enzyklika *Quadragesimo anno* (QA) von Papst Pius XI. aus dem Jahre 1932. In der Enzyklika wird diese Ordnung als „berufständische Ordnung“ bezeichnet (siehe Anhang 11).

Während bereits vor der Niederschrift dieser Enzyklika und ganz besonders in ihrem Anschluß zahlreiche Philosophen, Sozialwissenschaftler, Sozialethiker und Theologen intensiv mit einer Ausarbeitung der berufständischen Ordnung beschäftigt waren und dieses Modell noch bis zum Ende der fünfziger Jahre des letzten Jahrhunderts in der Sozialphilosophie, besonders natürlich der katholischen Kirche, und in vielen Reden und Erklärungen Papst Pius XII. eine wichtige Rolle spielte, verschwand anschließend dieses Modell fast vollständig aus der Öffentlichkeit. An dessen Stelle trat die sogenannte „soziale Marktwirtschaft“ oder der „Fürsorgestaat“, wie er inzwischen in vielen Staaten Europas entstanden war. Doch die soziale Marktwirtschaft ist keineswegs etwas ähnliches oder auch nur analoges zur berufständischen Ordnung. Ganz im Gegenteil verstößt der Sozialstaat sogar deutlich gegen die Grundlagen der Sozialenzyklika, nämlich dem „obersten Prinzip der Sozialphilosophie“ (Pius XI., QA), der Subsidiarität.

Schon zu Beginn der sechziger Jahre hieß es zumeist, das Modell der berufständischen Ordnung sei überholt, nicht mehr zeitgemäß, und habe sich durch die Entwicklung der Wirklichkeit in Europa, besonders durch die entstehenden Sozialstaaten erledigt. Doch diese Behauptung wurde keineswegs durch Argumente belegt, zumal, wie gesagt, der Sozialstaat anderen Prinzipien folgt als die berufständische Ordnung. Vielmehr beruht diese Behauptung auf einer Anpassung der Kirche und auch der neueren kirchlichen Soziallehre an die bestehenden Verhältnisse in der Welt. Diese Anpassung an die Welt war zweifellos auch einer der wichtigsten Motive des II. Vatikanischen Konzils. Sicherlich haben die Sozialstaaten sehr viel positives bewirkt, insbesondere haben sie materielle Not und Elend breiter Teile der Bevölkerung weitgehend beseitigt und den Klassenunterschied, und den daraus folgenden Klassenkampf zwischen Arbeitern und Unternehmern, deutlich verringert und die soziale Gerechtigkeit gefördert. Für diejenigen Sozialethiker, Sozialphilosophen und –theologen, denen dies das primäre Anliegen des sozialen Engagements der Kirche war, ist mit dem Sozialstaat, zumindest im Prinzip, das in Erfüllung gegangen, was sie gewünscht haben.

Doch war dies nicht das erste und wichtigste Anliegen der päpstlichen Soziallehre. Sicher war es stets ein zentrales Anliegen der Kirche, Armut und Not der Menschen zu lindern und ihnen in ihren geistigen und materiellen Nöten beizustehen. Doch die Prinzipien und die Mittel, durch die sich die Kirche durch die Jahrhunderte bei Verwirklichung dieses Anliegens leiten ließ, sind fundamental verschieden, von denen, denen die moderne Welt und auch der Sozialstaat folgt. Dies wird besonders in der erwähnten Enzyklika des Papstes Pius XI. deutlich. Soziale Gerechtigkeit und Frieden und damit allgemeine Wohlfahrt lassen sich dauerhaft und „nachhaltig", wie ein modernes Wort lautet, nur verwirklichen, wenn die *Subsidiarität* als universales Prinzip für die gesamte Gesellschaft und den Staat verwirklicht wird. Schon eine einfache Überlegung kann dies verdeutlichen. Einer totalitäre Diktatur, ob von links oder rechts, kann es ohne weiteres gelingen, in verhältnismäßig kurzer Zeit allgemeinen sozialen Wohlstand und weitgehende Gleichheit der Lebensbedingungen herzustellen. Die nationalsozialistische Diktatur, aber auch der Stalinismus, sind dafür empirische Beispiele. Jeder weiß, daß diese ideologischen Systeme alles andere als „nachhaltig" waren.

Wirkliche Gerechtigkeit und sozialer Frieden kann nur dauerhaft bestehen, wenn alle Gemeinschaften in einem Staat, angefangen bei der Familie, über die Gemeinden, Kreise, Städte, Bezirke bis hin zu Land und Staat, und im Bereich von Wirtschaft und Kultur die Berufsgemeinschaften, die jeweils ihnen zukommenden Aufgaben und Pflichten selbständig und ohne Einmischung einer höheren Instanz durchführen können.

Dieses Prinzip der Subsidiarität bzw. des Gemeinwohls steht in direktem Widerspruch zur Auffassung der Wirtschaft, der Gesellschaft und des Staat durch den Liberalismus. Die soziale Marktwirtschaft beruht aber auf den Prinzipien des Liberalismus.

Wir verwenden hier den Begriff des Liberalismus nicht im heute üblichen Sinne, wo er mit Laissez-fair, FDP und einer neoliberalen Wirtschaftsideologie identifiziert wird, sondern in einem weit umfassenderen und prinzipielle Sinne, wie er sich in den Dokumenten des kirchlichen Lehramtes der vergangen zweihundert Jahre oder besonders bei Donoso Cortes (2007) findet. Demnach ist der Liberalismus die Ideologie der Autonomie und Unabhängigkeit des Individuums und aller gesellschaftlichen Bereiche. So gesehen sind alle im Bundestag vertreten Parteien mehr oder weniger liberal. Der Liberalismus vertritt die strikte Trennung von Staat und Gesellschaft, Staat und Wirtschaft (als Teil der Gesellschaft), aber auch die Trennung von Staat und Individuum. Wir werden darauf im Verlauf der Studie ausführlich eingehen.

Der Sozialstaat westlicher Prägung ist nun aber genau aus diesen Prinzipien entstanden und beruht nach wie vor auf ihnen. Dies mag zunächst erstaunen, wo doch der Staat hier große Bereiche der Sozialfürsorge und der Lenkung von Wirtschaft und Gesellschaft durch direkte Eingriffe übernimmt. Doch diese Maßnahmen entspringen alle aus der schon im 19. Jahrhundert sichtbar gewordenen Unfähigkeit des Liberalismus, die Probleme und Konflikte, die er selbst erzeugt, auch zu bewältigen. So entstanden Modifikationen des Liberalismus, die dem Staat Aufgaben übertragen, die nach der „reinen Lehre" durch die „Kräfte des freien Marktes" sich von selbst regulieren sollten. Bekanntlich schreit der Liberale dann nach dem Staat, wenn er in die Krise gerät, wie nirgendwo deutlicher wird als in der gegenwärtigen Finanz- und Bankenkrise.

Diese staatlichen Eingriffe in Wirtschaft und Gesellschaft geschehen aber auf der Grundlage und den Prinzipien des Liberalismus, der das Individuum in den Mittelpunkt stellt, und jeden Eingriff in die sogenannte individuelle Freiheit als eine Beschränkung derselben auffaßt. Das Gemeinwohl – ein Wort, daß im Liberalismus eine völlig andere Bedeutung hat als in der katholischen Soziallehre – wird als etwas nachträgliches und nachrangiges im Verhältnis zur individuellen Freiheit verstanden.

Allerdings widersprechen die Eingriffe des Staates in Wirtschaft und Gesellschaft nicht allein der liberalen Ideologie, sondern auch dem Naturrecht, nämlich dem Subsidiaritätsprinzip. Der Liberalismus sieht die Eingriffe des Staates nur als Einschränkungen der individuellen Autonomie und ist deshalb im Prinzip dagegen. Das Naturrecht versteht den staatlichen Eingriff in Wirtschaft und Gesellschaft hingegen als Verletzung des obersten Grundsatzes des Gemeinwesens. Dies ist ein entscheidender Unterschied, denn nach naturrechtlicher Auffassung steht das Gemeinwesen über der individuellen Freiheit und der Autonomiegedanke ist dem Naturrecht sogar wesensfremd.

Das Subsidiaritätsprinzip folgt aus dem Wesen des Menschen und der zu diesem Wesen gehörenden menschlichen Gemeinschaft. Der Mensch ist nicht zunächst Individuum und schließt sich dann auch noch zu Gemeinhaften zusammen, sondern er ist ontologisch schlechthin das Gemeinschaftswesen. Die fundamentalste und alle anderen Gemeinschaften, wie auch den Staat tragende Gemeinschaft ist die Familie. Darüber hinaus steht aber im gesellschaftlichen Bereich die Berufsgemeinschaft. Sie ist die Gemeinschaft der durch eine gemeinsame Leistung für die Gesellschaft und das Gemeinwohl verbundenen Personen, der Unternehmer und der Arbeitnehmer. Diese Leistungsgemeinschaft wird gebildet durch diejenigen, die in einer Branche in einem Ort oder einer Region zusammenarbeiten und eine für das Gemeinwohl notwendige Leistung gemeinsam erbringen. Fast alle westlichen Gesellschaften weisen noch heute berufsgemeinschaftliche Strukturen auf, die aber durch den neoliberalistischen und sozialistischen Wandel der letzten zwei bis drei Jahrzehnte weitgehend entmachtet wurden. Zu nennen sind hier beispielsweise die verschiedenen Kammern und Innungen, wie die Industrie- und Handwerkskammern, die Ärzte-, Apotheker-, Rechtsanwalts-, und Notarkammern, die als öffentlich-rechtliche Selbstverwaltungsorgane alle zu ihrem Bereich gehörenden Aufgaben selbständig erledigen sollten. Heute sind ihre Kompetenzen durch den allmächtigen, totalitär-pluralistischen Staat so weitgehend beschnitten, daß sie fast zu Traditionsvereinen verkommen. Dieses Modell ist aber die Grundlage der sozialen Demokratie, die im Folgenden dargestellt wird.

Den Herausgebern dieser Schrift war es ein besonderes Anliegen, die Aktualität dieser gesellschaftlichen Ordnung für die modernen, postindustriellen Gesellschaften darzustellen. Angesichts der gegenwärtigen schweren Krise des liberalen Wirtschaftssystems sind die Menschen möglicherweise wieder etwas aufgeschlossener gegenüber Alternativen zu Liberalismus und Sozialismus. Die modernen Staaten und Gesellschaften sind eine Mischung aus beidem; dies ist die Folge des Zusammenbruchs des Kommunismus. Angesichts der derzeitigen massiven Krise des Liberalismus, deren Folgen derzeit noch nicht absehbar sind, wird die Tendenz zu einer Rettung durch linke, sozialistische Kräfte erheblich zunehmen und diese Tendenz bedroht die letzten Reste von Freiheit in den heutigen liberalen Staaten. So wie nach der Weltwirtschaftskrise von 1928 in Deutschland rechtsfaschistische Kreise die Macht erlangten, so besteht heute diese Gefahr von linksfaschistischen Kreisen, die allerdings diesmal ihr Macht unter der Maske der parlamentarischen Demokratie ausüben werden. Diese Gefahr wird sich nur dadurch vermeiden lassen, daß eine Alternative angeboten wird, die einerseits im ursprünglichen Sinne demokratisch ist, nämlich im Bereich von Wirtschaft und Gesellschaft und nicht nur im Staat, und die die richtigen Erkenntnisse sowohl des Liberalismus und als auch des Sozialismus aufnimmt und deren ideologische Verblendungen und Einseitigkeiten vermeidet. So ist es eine zweifellos zutreffende Tatsache, daß Markt und Wettbewerb die treibenden Kräfte der Wirtschaft sind, wie der Liberalismus sagt, doch es ist falsch, daß diese Kräfte aus sich selbst heraus eine Ordnung der Gesellschaft und Wirtschaft zustandebringen. Ebenso ist es ganz zutreffend, wenn der Sozialismus behauptet, daß Wirtschaft und Gesellschaft geordnet werden müssen, doch es ist falsch, daß diese Ordnung durch den Staat hergestellt werden muß.

So ist die soziale Demokratie der dritte Weg über Sozialismus und Liberalismus und sie ist vor allem die einzige ideologiefreie und daher realistische Theorie der Gesellschaft und die alternative naturgemäße Gesellschaftsordnung für die postindustrielle Gesellschaft.

Die Herausgeber sind sich bewußt, daß die vorliegende Studie keine wirtschaftswissenschaftliche Theorie vorlegt. Es handelt sich um eine philosophische, genauer gesagt, sozialphilosophische Studie, die zudem nur die allgemeinen Prinzipien und Strukturen der soziale Demokratie d.i. der wirtschaftlichen, sozialen und kulturellen Selbstverwaltung vorstellt. Zudem können auch die konkreten Realisierungen dieser Ordnung nicht vorweggenommen werden, wie Johannes Messner, der zweifellos wichtigste Theoretiker dieser Ordnung immer wieder betont hat. Wir hoffen und wünschen uns, daß andere Personen dieses Modell aufgreifen und für die verschiedenen gesellschaftlichen Bereiche weiter ausarbeiten.

Das die soziale Demokratie alles andere als eine Revolution der Gesellschaft darstellt oder erfordert, wird der Leser schnell feststellen. Die soziale Demokratie will keine weitere Revolution zu den seit zweihundert Jahren herrschenden permanenten Revolutionen hinzufügen, sondern im Gegenteil, die Gesellschaft zu ihre ursprünglichen und naturgemäßen Ordnung zurückführen. Die Strukturen der sozialen Demokratie sind überall vorhanden. Sie müssen nur aufgegriffen und weiter ausgebaut werden. Und dazu gehört keineswegs die Abschaffung des Staates, sondern im Gegenteil erfordert die soziale Demokratie einen starken Staat, aber eben keinen totalitären Staat, sondern einen solchen, der sich auf seine wesensgemäßen Aufgaben konzentriert und sich nicht in Bereiche einmischt, von denen er weder etwas versteht und für die er auch keine Legitimation besitzt.

Der Untertitel dieser Studie nennt dann aber auch unser eigentliches und zentrales Anliegen, eine christliche Gesellschaft. Auch in diesem Punkt widersprechen wir entschlossen dem Liberalismus, der den religiösen Glauben zur Privatangelegenheit machen will. Wir hingegen sind der festen Überzeugung, daß nur eine wahrhaft christliche Gesellschaft Ordnung, Gemeinwohl, Gerechtigkeit und Freiheit garantiert. Allerdings wissen wir auch, daß man eine solche Gesellschaft nicht machen kann. Eine christliche Gesellschaft ist eine Gnade.

11. Oktober 2008,
am Fest der Mutterschaft der allerseligsten Jungfrau Maria
Die Herausgeber

1. Grundlagen

Gemeinwohl und Gerechtigkeit. Für eine naturgemäße Gesellschaftsordnung

Jede menschliche Handlung ebenso wie ihre Institutionen sind intentional, d.h. sie haben einen Zweck. Man fährt mit dem Auto nach München, um seine Verwandten zu besuchen. Man ißt, um sich zu ernähren. Man geht arbeiten, um sich und seine Familie zu unterhalten. Man heiratet, um eine Familie zu gründen. Ebenso sind auch die Wirtschaft und die kulturellen Aktivitäten und Institutionen *intentional*.

Zweck der Wirtschaft und der Kultur ist das Gemeinwohl. Wirtschaft und Kultur werden durch Menschen getragen und stehen im Dienst des Menschen, um ihm einen angemessenen Lebensstandard zu garantieren, damit er in Ruhe und Würde ein christliches Leben führen kann. Was sich vom Prinzip her einfach und selbstverständlich anhört, ist mit einigen Schwierigkeiten verbunden, wenn es darum geht, die in diesen Sätzen verwendeten Worte und das damit Gemeinte im Einzelnen genauer zu kennzeichnen.

Eine Gesellschaft und ihre Institutionen, die Wirtschaft und die Kultur sollen und müssen der Natur des Menschen angemessen sein. Dies ist gemeint, wenn wir von einer naturgemäßen Gesellschaftsordnung sprechen. Die Frage ist nun, was die Natur des Menschen ist und was demgemäß eine naturgemäße Gesellschaftsordnung ist. Von daher läßt sich, mit Blick auf unsere gegenwärtigen Gesellschaften in Europa und darüber hinaus zeigen, wie weit wir uns inzwischen von dieser naturgemäßen Gesellschaft entfernt haben.

Eine naturgemäße Gesellschaftsordnung ist eine der *Natur des Menschen* gemäße Gesellschaft. Unter der Natur des Menschen versteht man die universalen Eigenschaften und Beziehungen, die allen Menschen aller Kulturen eigen sind und die den Menschen erst einem Mensch machen. Doch sind diese Eigenschaften nicht einfach nur die natürliche Ausstattung des Menschen, die man in einer Liste aufführt wie die biologischen Eigenschaften von Singvögeln, sondern aus der Natur des Menschen folgt ein Sollen, eine Forderung, so und so und nicht anders zu handeln. Dies kann an einer grundlegenden und allen Menschen gemeinsamen Bestimmung verdeutlicht werden. Nach der klassischen Definition des Menschen ist dieser ein vernunft- bzw. geistbegabtes Lebewesen. Diese Definition beinhaltet zwei Bestandteile, zwei Eigenschaften im weitesten Sinne des Wortes ‚Eigenschaft'. Er ist zunächst ein materielles Lebewesen und als solches hat er zahlreiche Gemeinsamkeiten mit anderen materiellen Lebewesen, insbesondere mit den höheren Tieren. Die Biologie kann eine lange Liste von Eigenschaften nennen, wie den Stoffwechsel, die Sensibilität und die genetische Gemeinsamkeiten, die den höheren Tieren und den Menschen gemeinsam sind. Darüber hinaus und von diesen biologisch-materiellen Eigenschaften radikal verschieden hat der Mensch aber ein Bewußtsein, und zwar nicht ein einfaches Bewußtsein wie es sich auch bei höheren Tierarten findet; auch nicht nur Selbstbewußtsein, wie es bei Affen und anderen höheren Tieren in Ansätzen zu finden ist, sondern ein *geistiges Bewußtsein.* Mit diesem geistigen Bewußtsein, dem menschlichen Geist, der Geistseele, wie man früher auch sagte, kann der Mensch etwas *als* etwas erkennen, er kann gezielt in die Natur eingreifen und diese nach seinen Zielen und Zwecken verändern, und v.a. kann er Gut und Böse unterscheiden. Schon aus dieser bloßen Darstellung der leib-geistigen Natur des Menschen ergibt sich, daß das, was den Menschen im wesentlichen zum Menschen macht, sein Geist ist. Leib und Geist sind nicht zwei gleiche Bestandteile des Menschen, sondern das Geistige ist dem Leiblichen übergeordnet, oder anders gesagt, das Leibliche steht im Dienste des Geistigen. Und aus dieser Dualität von Leib und Geist, die die Natur, das Wesen des Menschen kennzeichnet, folgt eine Forderung an den Menschen: ein Sollen. Diese Forderung kann man etwa mit den folgenden Worten ausdrücken: Der Mensch soll stets so handeln, daß das Geistige in ihm das Leibliche beherrscht und er soll sich niemals durch das Leibliche, Animalische in ihm beherrschen lassen. Damit haben wir bereits ein Grundgesetz der natürlichen Ordnung formuliert. Und so wird auch schon etwas von dem verständlich, was mit der naturgemäßen Gesellschaftsordnung, oder anders gesagt, mit dem Naturrecht gemeint ist.

Eine naturgemäße Gesellschaft ist eine Gesellschaft auf der Grundlage des natürlichen Sittengesetzes, eine Ordnung des Naturrechts. Eine Gesellschaft oder ein Gesetz, das gegen diese Ordnung verstößt, ist eine naturwidrige Gesellschaft, ein naturwidriges Gesetz. Doch was ist mit dem Wort „Naturrecht" genauer gemeint?

Das Naturrecht

Wenn man heute in verschiedenen Kreisen das Wort ‚Naturrecht' gebraucht, stößt man nicht selten auf völliges Unverständnis. Das Verständnis eines auf der Natur des Menschen gründenden unveränderlichen und allgemeingültigen, also objektiven Rechts scheint in der Tat vollständig aus dem Bewußtsein unseres Volkes verschwunden zu sein. Man assoziiert damit so etwas wie die Ordnung von Naturvölkern, das „Recht des Stärkeren" und ähnliches. Man erkennt hieran einmal mehr, wie schnell ein grundlegender politischer und sozialer Begriff verschwinden kann, wenn bestimmte interessierte Kreise alles daran setzen, ihn zu unterdrücken und durch etwas anderes zu ersetzen. An die Stelle des Naturrechts hat man den Begriff der *Menschenrechte* gesetzt, der einen völlig anderen Hintergrund und Inhalt hat.

Das Wort ‚Natur' bezieht sich nicht primär auf die allgemeine von Gott geschaffene Natur, sondern meint die Natur im Sinne von Wesen und zwar des menschlichen Wesens. Der Mensch ist nicht, wie uns der Existentialismus und ähnliche Ideologien klarmachen wollen, das „nicht festgestellte Tier" (Nietzsche), er ist nicht ein weißes, unbeschriebenes Blatt, daß sich selbst zu dem macht, was es sein will, ein „geworfener Entwurf", wie Heidegger sagt, sondern er hat eine ihm, d.i. allen Menschen gemeinsame Natur, ein unveränderliches Wesen, das allen Menschen aller Jahrhunderte gemeinsam ist. Alle Menschen sind Menschen und keine Kühe, Hühner oder Regenwürmer. Dasjenige, was den Menschen zum Menschen macht, das, wodurch er sich von allen anderen Geschöpfen unterscheidet und wodurch er eben ein Mensch ist, nennt man die Natur des Menschen. Zuvor wurde die wesentliche Bestimmung der menschlichen Natur bereits genannt: der Mensch ist ein geistiges Lebewesen, in ihm sind körperlich-materieller Leib und immaterieller Geist zu einer Einheit verbunden. Der Mensch ist das *animal rationale*, wie man im Mittelalter sagte, das vernunftbegabte, geistige, rationale Lebewesen. Er ist weder reiner Geist wie die Engel, noch einfach ein Lebewesen wie die Tiere und die Pflanzen. Es ist vor allem der Geist, die Vernunft, die den Menschen von allen anderen Lebewesen auf der Erde unterscheidet. Und was ist mit dem Geist genauer gemeint? Insbesondere zwei Fähigkeiten sind es, die den Geist charakterisieren: durch seine Geistigkeit kann der Mensch etwas *als etwas* erkennen. Die menschliche Erkenntnis ist nicht einfach so, daß sie z.B. irgend etwas bloß wahrnimmt, was ihr auf dem Weg durch einen Raum im Wege steht, oder es nur insofern wahrnimmt, als es zu Lebenserhaltung notwendig ist wie beim Tier, sondern der Mensch nimmt z.B. wahr, daß der Stuhl dort aus Holz ist, daß der Himmel heute bedeckt ist und Regen verheißt. Durch die Vernunft kann der Mensch zudem erkennen, was gut und was schlecht ist, was böse ist. Er sieht z.B. nicht bloß einfach, daß ein junger Mensch einer älteren Dame die Tasche aus der Hand nimmt, sondern er sieht in eins damit, daß diese Handlung böse ist. Und die zweite Fähigkeit des Geistes ist der Wille. Dadurch kann sich der Mensch frei, ohne inneren und äußeren Zwang, für das Gute entscheiden. Er kann durch den Willen auch eine naheliegende Befriedigung zu Gunsten einer höheren Befriedigung zurückstellen, und das nicht nur einige Minuten, sondern tage-, wochen- und oft jahrelang; er kann seine natürlichen Triebe unterdrücken, umlenken und umformen.

Aus der kaum zu leugnenden allgemeinen Tatsache der leibseelischen Einheit, die der Mensch ist, ergeben sich nun ganz bestimmte Gesetzmäßigkeiten, die mit dem Wort „Naturrecht“ zusammengefaßt werden, z.B. das schon genannte ganz einfache Gesetz, daß bei allem was der Mensch tut, das Geistige gegenüber dem Leiblichen vorherrschen soll. Diese Gesetzmäßigkeiten sind göttlichen Ursprungs, weil der Mensch, wie alles andere auch, von Gott geschaffen ist. Deshalb können sie vom Menschen ebenso wenig geändert oder beseitigt werden wie die allgemeinen Naturgesetze der Physik, der Chemie und der Biologie. Der Mensch unterliegt auch diesen Naturgesetzen; sie sind gültig, unabhängig von Raum und Zeit. Allerdings sind die Gesetze des Naturrechts nicht in derselben Weise bindend, wie die Naturgesetze der Physik. Letztere sind unabänderlich und können durch uns nicht außer Kraft gesetzt werden. Wir können gegen Naturgesetze praktisch gar nicht verstoßen, ohne zumindest schweren Schaden davon zutragen. Wer die Gesetze der Schwerkraft nicht beachtet, fällt sogleich heftig auf die Nase und wird deshalb alles tun, möglichst nicht ohne Notwendigkeit aus dem fünften Stock eines Hauses zu springen. Im Prinzip kann man auch gegen das Naturrecht nicht verstoßen, ohne schweren Schaden zu verursachen, doch tritt dieser Schaden nicht immer sofort ein und ist oftmals auch nicht sogleich zu erkennen. Die Gesetze des Naturrechts sind nämlich moralische Gesetze. Gesetze, die ein Sollen beinhalten, was von den Naturgesetzen der Physik zweifellos nicht gesagt werden kann. Man kann gegen das Naturrecht verstoßen, sich darüber hinwegsetzen und anderes tun als vom Naturrecht vorgesehen. Wir können uns z.B. unseren Begierden überlassen, uns von einer Wut beherrschen lassen und auf Rache aus sein. Damit herrscht dann das Animalische in uns über das Geistige.

Wir sehen also, woher das Naturrecht seinen Ausgangspunkt nimmt. Die Grundlage des Naturrechts ist das Wesen des Menschen, die menschliche Natur. Dies ist ein objektiver Ausgangspunkt, etwas, das völlig unabhängig von uns besteht, das wir uns nicht selbst ausgedacht haben, was wir nicht selbst gemacht haben. Es ist eine schlichte, auch wissenschaftliche Tatsache, daß der Mensch eine leib-seelische Einheit ist, daß er Person ist, die leibliches und geistiges in sich verbindet. Schon in diesem Ausgangspunkt, in der Grundlage, unterscheidet sich das christlich verstandene Naturrecht, – man spricht auch vom metaphysisch verstandenen Naturrecht – von allen anderen Naturrechtstheorien. Das aufklärerisch-individualistische Naturrecht beispielsweise nimmt seinen Ausgangspunkt von einem angeblichen Urzustand des Menschen, einem einsamen Robinson Crusoe, wobei die Beschreibung dieses Urzustandes weitgehend von den subjektiven Vorlieben des Autors bestimmt wird. Beispiele hierfür sind etwa Jean-Jacques Rousseau und Thomas Hobbes, die sich auch noch in der Beschreibung des Urzustandes des Menschen deutlich unterscheiden. In diesen Theorien wird zudem der Mensch in seiner Individualität zum Ausgangspunkt genommen und damit die soziale Natur des Menschen als etwas zweitrangiges, nicht ursprünglich zum Menschen gehörendes angesehen. Folglich können diese Theorien auch nur zum Individualismus führen.

Naturrecht im richtig verstandenen Sinne hat eine ontologische, eine metaphysische Begründung im Wesen, in der Natur des Menschen. Und die Natur des Menschen, wie der Mensch und alles andere überhaupt, ist von Gott geschaffen. Hier sind wir schon beim wichtigsten Unterschied zwischen dem überlieferten, metaphysischen Naturrecht und allen anderen Naturrechtsverständnissen, die sich später, in der Neuzeit herausgebildet haben. Außer dem metaphysischen Naturrecht sind alle anderen Begriffe des Naturrechts, einschließlich der protestantischen Formen, säkularisierte Formen des Naturrechts. Selbst wenn in ihnen Gott noch vorkommt, hat er eine bestenfalls nebensächliche Bedeutung, bildet aber nicht das Prinzip des Naturrechts. Dabei ist zu beachten, daß der naturrechtliche Gottesbegriff nicht mit dem Gott der Offenbarung identisch ist. Im metaphysischen Naturrecht nimmt man Bezug auf einen Gott, wie er mit den Mitteln der natürlichen Vernunft klar erkannt werden kann. Gott ist ein ewiges, unveränderliches, allmächtiges, allwissendes, gerechtes und gütiges Wesen, das

das gesamte Universum geschaffen hat; ein Gottesverständnis, wie es zum Teil bereits in der griechischen Philosophie beschrieben wurde. Daher finden sich auch hier, in der griechisch-römischen Kultur, die Grundlagen des wahren Naturrechts (v.a. in der Stoa und bei Cicero).

Was folgt aber aus dieser Stellung Gottes? Wenn Gott alles erschaffen hat, dann hat er selbstverständlich auch uns, den Menschen, erschaffen. Und mit dem Menschen hat Gott bestimmte Gesetze erschaffen, an die sich der Mensch halten muß, um seiner menschlichen Würde gerecht zu werden.

Um welche Gesetzmäßigkeiten handelt es sich nun? Man kann die sich aus der Natur des Menschen ergebenden Gesetzmäßigkeiten in drei Gruppen einteilen, die sich aus den Beziehungen ergeben, in denen der Mensch, also wir, eingebunden sind. Man findet ja oft die Vorstellung, daß Gott nur Einzeldinge erschaffen hat und daß alles andere gewissermaßen von selbst da ist oder von den Einzeldingen selbst gemacht wurde. Diese Vorstellung, die das Einzelne, Individuelle in den Mittelpunkt stellt und alles andere, wie z.B. die Beziehungen und Eigenschaften der Dinge und Menschen als zweitrangig betrachtet, nennt man *Nominalismus*. Diese Vorstellung stammt aus dem Spätmittelalter und war der Wegbereiter der neuzeitlichen Welt. Gott hat keineswegs nur Einzeldinge und einzelne Menschen erschaffen, sondern ebenso alle allgemeinen Eigenschaften und Beziehungen, in denen Dinge und Menschen stehen, also auch z.B. die Familie, den Staat und die Gesellschaft. Die Gesetzmäßigkeiten, die mit dem Wort Naturrecht zusammengefaßt werden, ergeben sich nun aus den drei Gruppen von Beziehungen, in denen der Mensch immer schon steht, die Gott mit dem Menschen zusammen erschaffen hat:

1. Da sind zunächst die Pflichten und Rechte, die sich aus dem Verhältnis des Menschen zu Gott ergeben, denn er ist ein von Gott geschaffenes Wesen, das in seinem gesamten Leben vollständig von Gott abhängig ist.

2. Aus seiner Natur als leib-seelisches Wesen ergeben sich bestimmte Verpflichtungen im Verhältnis des Menschen zu sich selbst und

3. folgen bestimmte Rechte und Pflichten aus der Natur des Menschen im Verhältnis zu seinen Mitmenschen.

Zur Verdeutlichung des hier sehr allgemein Gesagten zunächst eine kurze Erläuterung.

Zu 1. Als von Gott geschaffenes und von ihm abhängiges Wesen folgt für den Menschen die Verpflichtung, Gott zu danken und ihm die Ehre zu erweisen. Der Mensch ist vollständig von Gott abhängig, unendlich abhängiger als ein Säugling von seinen Eltern. Und während die Abhängigkeit des Kindes von den Eltern im Verlauf des Lebens immer mehr abnimmt, gilt dies von der Abhängigkeit des Menschen von Gott keineswegs. Er ist immer in der gleichen Weise von Gott abhängig und kann keinen Atemzug tun, ohne daß Gott ihn am Leben erhält. Daher schuldet der Mensch seinem Schöpfer Dank, Lob und Anerkennung. Schon eine natürliche Einsicht legt uns nahe, daß wir jemandem, der uns etwas wirklich Gutes tut, dafür zu danken haben. Um wieviel mehr schulden wir dann unserem Schöpfer Dank, der uns alles erst ermöglicht. Selbstverständlich schulden wir aber nicht irgendwelchen falschen Göttern diesen Dank, sondern dem wahren Gott. Und dieser wahre Gott hat sich dem Menschen klar und deutlich offenbart in Jesus Christus. Im Prinzip zumindest kann jeder Mensch der sich die Mühe macht, mit einem durchschnittlichen Verstand, die verschiedenen Religionen zu prüfen, mit großer Sicherheit erkennen, daß allein die christliche Religion die wahre Religion ist, die in der einen, römisch-katholischen Kirche auf Erden sichtbar ist. Nun ist der Mensch kein Einzelwesen, kein Robinson Crusoe, sondern er ist wesentlich ein Gemeinschaftswesen, worauf wir später noch zurückkommen werden. Deshalb hat nicht nur die einzelne Person die Pflicht, Gott zu danken, zu preisen und Ihn anzuerkennen, sondern auch die Gemeinschaft, die ja ebenfalls von Gott geschaffen wurde. So ergibt sich die Pflicht der Gemeinschaft zu einem öffentlichen Kult. Es folgt daraus aber auch das *Recht* zur Ausübung des wahren religiösen Kultes. Dadurch wird unmißverständlich deutlich, daß z.B. die zunehmende Beseitigung der Sonntagsruhe durch den liberalkapitalistischen Staat ein schwerer Verstoß gegen das Naturrecht ist. Dies ist nur ein Beispiel, wie der moderne Staat, der bei jeder passenden und unpassenden Gelegenheit über Menschenrechte redet, die Rechte Gottes, aus denen sich überhaupt erst Rechte für den Menschen ergeben, mit Füßen tritt.

Zu 2. Kommen wir nun zum zweiten Bereich der Beziehungen, den Beziehungen des Menschen zu sich selbst. Die leib-geistige Natur des Menschen bedeutet nicht, daß der menschliche Leib und sein Geist einfach nur nebeneinander bestehen wie zwei Welten. Dieser radikale Dualismus wurde von dem französischen Philosophen René Descartes im 17. Jahrhundert vertreten und fand später viele Anhänger. Es gibt eine Hierarchie zwischen dem Leiblichen und dem Geistigen, wobei das Geistige im Menschen dem Leiblichen – seinen Trieben, Emotionen usw. – übergeordnet ist. Daraus folgt für den Menschen die Verpflichtung, alles Triebhafte und aus seiner *Physis* stammende dem Geistigen soweit wie möglich unterzuordnen. Damit gemeint sind bestimmte Tugenden, wie die Mäßigkeit, die Keuschheit usw., also Verhaltensweisen, in denen der Mensch seine triebhafte Natur nicht ausschaltet, sondern dem Geistigen unterordnet. Ein auch nur grober Blick auf unsere gegenwärtigen gesellschaftlichen Zustände macht schon klar, daß heute das genaue Gegenteil propagiert wird. Man muß seine Triebe ausleben, alles in vollen Züge genießen. Zurückhaltung und Mäßigkeit gelten als „total spießig". In früheren Jahrhunderten waren diese Tugenden schon allein zur Erhaltung der gesellschaftlichen Ordnung lebensnotwendig. Die moderne Gesellschaft hat offensichtlich Mechanismen entwickelt, durch die solche Tugenden heute scheinbar überflüssig geworden sind. Es scheint aber sicher, daß sich dies rächen wird und die moderne liberale Gesellschaft an ihrer Triebhaftigkeit zugrunde geht. Schon heute wird überdeutlich, daß der Staat kaum noch in der Lage ist, die Geister, die er selbst rief, zu bändigen und die gesellschaftliche Ordnung aufrecht zu erhalten. Ganze Stadtteile in Großstädten werden heute schon von kriminellen Banden beherrscht, die ihren Anteil an der Triebbefriedigung „jetzt und sofort" fordern, und in die sich die staatlichen Ordnungsorgane nicht mehr hineinwagen. Schulen müssen durch Sicherheitskräfte geschützt werden und der Drogenkonsum, – ein typisches Kennzeichen einer rein auf Lustmaximierung gerichteten Gesellschaft – fordert mehr und mehr Opfer.

Zu 3. Kommen wir nun zur dritten Beziehung in die der Mensch eingebunden ist, der Beziehung zu den Mitmenschen. Der Mensch ist von Anfang an ein soziales Wesen, er steht immer schon in Beziehungen zu Mitmenschen. Er wird in eine Familie hineingeboren und ist zunächst vollständig von seinen Eltern abhängig. Auch aus dieser Abhängigkeit ergibt sich die Pflicht zur Unterordnung der Kinder unter ihre Eltern, zum Gehorsam gegenüber ihnen. Auch Dankbarkeit und Ehrfurcht gebührt den Eltern von Seiten ihrer Kinder sowie die Verpflichtung, ihnen später im Alter, wenn sie selbst Hilfe brauchen, beizustehen. Alle diese Verpflichtungen, die sich natürlicherweise aus dem Wesen des Menschen ergeben und Jahrtausende lang nicht in Frage gestellt wurden, werden heute lächerlich gemacht.

Der Mensch ist aber, außer in der Familie und der weiteren Verwandtschaft, noch in zahlreichen weiteren sozialen Beziehungen eingebunden: als Nachbar und Mitglied seiner Heimatgemeinde und als Staatsbürger, er ist Kollege in einem Unternehmen und in einer Berufsgemeinschaft. All diese Beziehungen bringen bestimmte Pflichten mit sich, aus denen auch Rechte für den Einzelnen erwachsen und nicht umgekehrt. Die grundsätzlichste und allgemeinste Verpflichtung, die sich aus den sozialen Beziehungen des Menschen ergeben, ist die Verpflichtung, bei allen seinen Handlungen zum Gemeinwohl der jeweiligen Gemeinschaft, aber auch des Ganzen, d. h. des Staates, beizutragen. Diese Verpflichtung und ihre Folgen bilden einen der wichtigsten Gegenstände unserer Schrift.

Aus dem wenigen, das wir bisher zu den Rechten und Pflichten gesagt haben, die sich aus der menschlichen Natur ergeben, erkennt man bereits, daß alle Rechte des Menschen in Pflichten gegründet sind, daß das „subjektive Recht nichts anderes ist als die Befugnis, seine Pflicht zu erfüllen“ (Fellermeier, 1980, 9). Dies ist ein weiterer, ganz entscheidender Unterschied des wahren Naturrechts zu den Naturrechtsverständnissen des Rationalismus und der Aufklärung, aber ebenso zu den sogenannten Menschenrechten. Die Menschenrechtsideologen haben nichts Besseres zu tun, als die Rechte des Menschen aufzulisten, und sie lassen keine Gelegenheit außer acht, neue Menschenrechte zu proklamieren. Neuerdings werden das Recht auf freie sexuelle Orientierung, das Recht auf Abtreibung, das Recht auf Selbstmord usw. als Menschenrechte gefordert. Allein durch den bloßen Hinweis auf das Grundprinzip des Naturrechts, daß Rechte sich aus Pflichten ergeben, würden sich alle diese angeblichen Rechte mit einem Schlag erledigen. Gibt es eine Pflicht zur Homosexualität? Eine Pflicht, gezeugte Kinder umgehend zu ermorden oder sich im angemessenen Alter und bei Hilfsbedürftigkeit zu erhängen? Man sieht hier, wie lächerlich der Begriff der Menschenrechte ist. Menschenrechte sind der Kampfbegriff der liberalen Aufklärung gegen die Rechte Gottes.

Wenn alle Rechte in Pflichten begründet sind, dann bedeutet das natürlich auch, daß derjenige, der größere Pflichten hat, auch mehr Rechte daraus ableiten kann. Eltern haben natürlich mehr Pflichten und damit auch Rechte als ihre Kinder, und ein mittelständischer Unternehmer, der die Verantwortung für sein Unternehmen und dreihundert Mitarbeiter hat, hat selbstverständlich auch mehr Rechte als seine Mitarbeiter. Hierzu das Zitat des Sozialethikers Jakob Fellermeier, der noch 1980 eine im großen und ganzen ordentliche kleine Schrift zum Naturrecht veröffentlicht hat: „Die grundsätzliche Voranstellung der Rechte vor den Pflichten, wie sie in der Forderung nach Gleichberechtigung der Geschlechter oder nach dem Recht auf Mitbestimmung der Arbeitnehmer in der Wirtschaft zum Ausdruck kommt, hat den Naturrechtsbegriff der Aufklärung zur Voraussetzung, der das Naturrecht primär als subjektives Recht sieht und jede Rechtspflicht als nachträgliche Beschränkung dieses Rechts auffaßt" (ebd. 10). In diesem Satz ist das Wesentlichste zum Problem der Gleichberechtigung kurz und klar zusammengefaßt. Hinsichtlich ihrer Würde als von Gott geschaffene Ebenbilder sind alle Menschen gleich; die liberalistische und sozialistische Forderung nach vollständiger Gleichberechtigung aller Menschen führt zu nichts anderem als zu maßlosen Ungerechtigkeiten. Ein Familienvater, der gut für seine Familie sorgt und in zahlreichen Pflichten eingebunden ist, hat selbstverständlich auch mehr und andere Rechte als seine Ehefrau. Dies ist absolut keine Herabwürdigung der Frau, sondern ganz im Gegenteil die Einsetzung der Frau in ihre eigentliche und volle Würde. Selbstverständlich hat eine Frau, die selbst arbeiten geht und zum Lebensunterhalt der Ehe, evtl. zum Lebensunterhalt der Familie beitragen muß, weil die liberalkapitalistische Gesellschaft dem Vater ein angemessenes Familieneinkommen verweigert, auch zusätzliche Pflichten und damit auch zusätzliche Rechte. Seit Jahren werden in Deutschland ganze Wahlkampfschlachten um den Begriff der Gerechtigkeit geführt. Keine der geistlosen Talkshows ohne Diskussion um „soziale Gerechtigkeit". Hat man in diesen Jahren auch nur einmal von einem Politiker, egal ob Christdemokrat, Sozialdemokrat oder Linkssozialist jemals gehört, was überhaupt Gerechtigkeit bedeutet, nämlich „Jedem das Seine"? Natürlich nicht! Gerechtigkeit bedeutet für diese Ideologen „Jedem das Gleiche". Der Kommunismus ist keineswegs mit dem Zusammenbruch des Ostblocks untergegangen. Er findet sich heute mitten in der liberalen Gesellschaft.

Mit dieser Skizzierung des Naturrechts haben wir ein erstes Verständnis dafür gewonnen, was es bedeutet, wenn wir von einer naturgemäßen Gesellschaftsordnung reden. Es ist eine Gesellschaft, die dem Wesen des Menschen als einer leib-geistigen Einheit, die immer schon auf Gott bezogen und in soziale Beziehungen eingebunden ist, entspricht. Eine Gesellschaft somit, in der das natürliche Sittengesetz, dessen „Kurzfassung" gewissermaßen, in den zehn Geboten von Gott selbst bestätigt wurde.

Wir hatten zu Beginn schon gesagt, daß jede menschliche Handlung und auch jede Institution, somit auch die Familie und der Staat, intentional sind, d.h., daß sie einen Zweck, ein Ziel haben. Das Ziel des Staates, das, wozu der Staat überhaupt da ist, das, warum der Staat für den Menschen sogar notwendig ist, ist das Gemeinwohl.

Das Wort „Gemeinwohl" ist bewußt sehr weit gefaßt, kann aber gleichwohl genauer bestimmt werden. Dies soll im folgenden Abschnitt kurz geschehen.

Das Gemeinwohl als oberstes Ziel jeder menschlichen Gemeinschaft

Der Begriff des Gemeinwohls ist heute, d.h. in den modernen liberalen Gesellschaften, weitgehend aus der Mode gekommen. Es ist aber das Grundprinzip der katholischen Soziallehre schlechthin. Der Begriff selbst ist zutiefst in der katholischen Soziallehre verankert und kommt vom hl. Thomas von Aquin; er spricht vom *bonum commune*, das gemeinsame Gut. Gleichwohl gehört das Prinzip des Gemeinwohls in erster Linie zum Naturrecht, setzt also nicht notwendig die Offenbarung Gottes voraus. Deshalb findet es sich auch bereits im römischen Recht. (W. Waldstein, J.M. Rainer, 2005) Was ist nun mit dem Gemeinwohl einer Gemeinschaft bzw. des Staates gemeint? Das Gemeinwohl ist der Zweck bzw. das Ziel der Gemeinschaft und des Staates. Dies wird durch die folgenden Überlegungen gut nachvollziehbar. Alles was von Natur aus da ist, hat einen Zweck. Dies gilt nicht nur für die geschaffenen Naturdinge, sondern ebenso für die Gemeinschaft. Der Mensch ist als Einzelindividuum gar nicht lebensfähig, er braucht die Gemeinschaft wesensmäßig. Insofern sind die Menschen auf ihre Mitmenschen, v.a. natürlich auf ihre Familie, angewiesen. Weshalb aber ist der Mensch auf die Gemeinschaft angewiesen? Weil er alleine nicht in der Lage ist, die Güter, die er zum Leben notwendig braucht, alleine zu beschaffen und sich gegen alle eventuellen Angriffe zu schützen. Dies ist beim Säugling ganz offensichtlich, aber auch beim Erwachsenen ist es so, daß er die Leistung anderer Menschen benötigt, um seine materiellen und geistigen Güter zu bekommen. In einem gewissen Umfang kann der Bauer seine Lebensmittel sich selbst besorgen, soweit seine Arbeitskraft dies zuläßt. Allerdings wäre seine Ernährung sicherlich sehr einseitig und eintönig, wenn er nicht bestimmte seiner Produkte, von denen er zuviel angebaut hat, mit anderen tauschen würde, die dieses Produkt benötigen, wofür er wiederum Produkte bekommt, die er benötigt. Die Güter nun, die alle benötigen, die aber von den Einzelnen nicht ausreichend beschafft werden können, die Gesamtheit dieser Güter, materieller und auch geistiger, nennt man ‚Gemeinwohl'. Deshalb ist der Zweck der Gemeinschaft das Gemeinwohl, d.h. die Beschaffung und Bereitstellung der von allen benötigten Güter. Die Gesellschaft hat dabei freilich nur der Ergänzungsbedürftigkeit der Einzelnen Rechnung zu tragen, d.h. nur die Güter zu beschaffen, die der Einzelne sich allein nicht beschaffen kann. Die Gesellschaft soll und kann dem Einzelnen nicht das abnehmen, was dieser selbst zu tun vermag. Daher umfaßt das Gemeinwohl insbesondere diejenigen Güter, die den Einzelnen in die Lage versetzen, das für sein Privatwohl Notwendige sich selbst zu beschaffen. So kann man durchaus mit dem Sozialethiker Cathrein das Gemeinwohl definieren als „die Gesamtheit der *Bedingungen*, die erforderlich sind, damit nach Möglichkeit alle Glieder des Staates (oder der Gemeinschaft) frei und selbsttätig ihr wahres irdisches Ziel erreichen können." Hier wird deutlich, daß die Güter, von denen bisher die Rede war, nicht in erster Linie materielle Güter sind. Der Staat muß den Einzelpersonen keine Autos und Häuser beschaffen, sondern er muß die Bedingungen schaffen, damit Menschen sich möglicherweise Autos und Häuser beschaffen können. So gehört zum Gemeinwohl z.B. insbesondere, daß die Sicherheit der Bürger gegen innere und äußere Feinde gewährleistet werden muß, weil sonst die Einzelpersonen z.B. ständig beraubt werden, umgebracht werden oder ihnen durch Eroberungskriege ihr Eigentum genommen wird. Eine weitere Aufgabe des Staates, die dem Gemeinwohl dient, ist die Bereitstellung einer Infrastruktur, wie der Bau und die Unterhaltung von Straßen und Wegen, damit z.B. die produzierten Güter transportiert werden können. Dies ist zweifellos eine Aufgabe, die die Fähigkeit der Einzelnen oder der kleineren Gemeinschaften übersteigt. Ein anderes Beispiel für eine Aufgabe der Gemeinschaft im Dienste des Gemeinwohls ist die Gesundheitsfürsorge, soweit diese die Möglichkeiten des Einzelnen übersteigt. Überhaupt gilt dieses Prinzip bei allen Aufgaben einer Gemeinschaft oder des Staates: sie dürfen bestimmte Aufgaben nur insoweit übernehmen, als die Einzelpersonen oder kleinere Gemeinschaften nicht in der Lage sind, diese Aufgaben selbst zu leisten. Wir kommen darauf wieder zurück, wenn wir das Prinzip der Subsidiarität kennenlernen.

Grundsätzlich gilt für das Verhältnis von Gemeinwohl zu Eigenwohl, daß das Gemeinwohl vor dem Eigenwohl steht, daß aber andererseits etwas nicht ein echtes Gemeingut ist, wenn das Eigenwohl darunter leidet. Deshalb muß das Prinzip des Gemeinwohls durch die anderen Sozialprinzipien ergänzt werden, damit klarer wird, was zum Gemeinwohl gehört und was nicht dazu gehört. Von außerordentlicher Wichtigkeit ist dabei vor allem das Gesetz, daß etwas nicht zum Gemeinwohl gehören kann, was das ewige Ziel des Menschen, das selbstverständlich höher steht als das irdische Ziel des Menschen, nämlich das Gemeinwohl, behindert. So sind staatliche Gesetze, Einrichtungen und Institutionen, die den Menschen von seinem ewigen Ziel abbringen, mit ganzer Entschiedenheit zu bekämpfen, da sie ein unendlich höheres Gut des Menschen zerstören.

Hieran könnte man eine Reihe von Fragen hinsichtlich bestimmter heutiger liberaler Gesetze anschließen, ob diese dem Gemeinwohl förderlich oder nicht viel eher abträglich sind; ganz abgesehen von der Frage, ob sie dem ewigen Ziel des Menschen förderlich sind. Aber wie schon gesagt: Der moderne Staat wird auf diese Fragen allenfalls mit der Schulter zucken, da er das Gemeinwohl nicht wirklich als sein Ziel betrachtet, sondern ausschließlich die Sicherstellung der individuellen „Glückseligkeit" nach dem geläufigen Motto: „Jeder soll nach seiner Fasson selig werden". Solange man nicht die Willkür und Befriedigung des anderen stört, sieht der Staat sich nicht genötigt zu handeln. Der moderne liberale Staat enthält sich ausdrücklich jeder Stellungnahme zu der Frage, ob etwas gut ist oder nicht, ob etwas dem naturrechtlichen Gemeinwohl entspricht und dieses fördert oder nicht. Er begründet dies damit, daß die Antwort auf die Frage nach dem Guten subjektiv ist, daß es kein objektives Gut gibt. Dies ist die Ideologie des modernen Staates, eine Ideologie, die, wie man weiß, ihren Ursprung bei den Freimauern hat.

Nehmen wir doch einfach das fast harmlose Beispiel der Sonntagsruhe. Bei zahlreichen Einzelhandelsunternehmen, insbesondere den großen Konzernen, gibt es den Wunsch, auch am Sonntag die Geschäfte zu öffnen, da dies auch von vielen Menschen gewünscht wird. Nach göttlichem Gebot steht dem die Sonntagsruhe entgegen, zu der nicht allein gehört, daß man am Sonntag die Hl. Messe besucht, sondern auch sonst ausruht, Verwandte besucht und Gott dankt. Die Nichtbeachtung des Sonntagsgebotes ist eine schwere Sünde, die möglicherweise die ewige Verdammnis zur Folge hat. Insofern kann die Öffnung der Geschäfte am Sonntag, selbst wenn sie von der übergroßen Mehrheit der Menschen gewünscht wäre, kein Beitrag zum Gemeinwohl sein, weil das höhere Ziel des Menschen deutlich gefährdet wird.

Wie reagiert der moderne Staat auf dieses Argument? Er behauptet, der Staat müsse sich weltanschaulich und religiös neutral verhalten. Wenn man den Christen ihre Sonntagsruhe gewährt, dann müsse man auch den Juden ihre Samstagsruhe gewähren, den Moslems ihren Freitag und den Freimaurern ihren Montag. Damit wäre schon die halbe Woche frei. Der Staat muß alle Religionen und Weltanschauungen gleich behandeln, denn er kann nicht entscheiden, welche Weltanschauung oder Religion die wahre ist. Daß dies selbst eine Weltanschauung ist, nämlich die des Liberalismus, wird dabei nicht gesehen. Die katholische Kirche hat demgegenüber immer daran festgehalten, daß der Staat durchaus erkennen kann, daß allein die katholische Kirche die einzig wahre Religion ist und daß dies auch durch die Vertreter des Staates, wie durch jeden anderen Menschen mit einiger Überlegung klar und deutlich erkannt werden kann. Daraus folgt, was Louis Veuillot so formuliert: „Es ist ebenso entsetzlich wie albern, das christliche Volk vor die Wahl zu stellen, entweder Staatschefs zu wählen, die so unwissend sind, die Gottheit Christi nicht zu kennen, oder aber andererseits Taugenichtse, die darum wissen und ganz entschlossen so regieren, als wüßten sie es nicht.“ (2007, 49). Im Unterschied zu der Zeit, als dieser Satz geschrieben wurde, ist das Volk heute aber nicht mehr christlich. Und wer trägt daran die Schuld? Der Staat selbst, der alles daran gesetzt hat und bis heute daran setzt, angeblich neutral zu bleiben, aber nichts anderes bewirkt, als das die wahre Religion aus dem Volk ausgetrieben wird. Hinzu kommt natürlich die besonders traurige Tatsache, daß die katholische Kirche diese liberale Ideologie der Neutralität des Staates auf dem II. Vatikanischen Konzil selbst übernommen hat und die damals noch bestehenden katholischen Staaten sogar aufforderte, zu liberalen Staaten zu werden.

Soviel also zunächst zur Frage des Gemeinwohls. Eine naturgemäße Gesellschaftsordnung ist eine Gesellschaft, die dem Wesen des Menschen als einer leib-geistigen Einheit, die immer schon in einer Gemeinschaft eingebettet ist, am besten entspricht und in der das Prinzip des Gemeinwohl, im Zusammenhang mit anderen Sozialprinzipien, an der obersten Stelle steht. Allein eine solche Gesellschaft kann als gerecht bezeichnet werden. Eine Gesellschaft ist gerecht, in der jedem das Seine zukommt. Nicht dort herrscht Gerechtigkeit, wo alle das Gleiche bekommen, sondern wo jeder das ihm Zukommende erhält. Dies gilt nicht nur für die soziale Gerechtigkeit, sondern auch für alle anderen Bereiche des Lebens, z.B. hinsichtlich des Rechts oder der heute so gern propagierten „Geschlechtergerechtigkeit“. Nur wenn die Unterschiede zwischen den Menschen beachtet werden, die Unterschiede des Geschlechts, des Alters, des Standes, der Herkunft, der Fähigkeiten und Vermögen usw., ist es möglich, daß jedem das ihm Eigene zukommt, selbst dann, ja gerade dann, wenn nicht alle dasselbe bekommen. Vor allem anderen aber gilt, daß es keine Gerechtigkeit, ganz gleich in welcher Hinsicht, geben kann, wenn nicht Gott das Ihm zukommende gegeben wird. Eine gerechte Gesellschaftsordnung ist eine christliche Gesellschaftsordnung. Eine christliche Gesellschaftsordnung aber ist eine Gesellschaft, in der vor allem anderen dem dreifaltigen Gott die Ihm gebührende Ehre und Verherrlichung zuteil wird, in der die Menschen Ihm das Ihm Zukommende geben. Gott ist nicht nur der Schöpfer aller Einzeldinge, sondern er hat ebenso die Beziehungen der Dinge zueinander geschaffen und damit auch die menschlichen Gemeinschaften, allen voran die Familie und den Staat. Als Schöpfer und Erhalter der Gesellschaft gebührt Ihm Dank und Ehrerbietung, die sich unter anderem in einem öffentlichen Kult ausdrücken, an dem die Vertreter des Staates teilnehmen. Ohne die öffentliche Anbetung Gottes, ohne daß Ihm das Seine gegeben wird, kann es keine auch nur im entfernten Sinne gerechte Gesellschaft geben.

Die Grundlagen der naturgemäßen Gesellschaft sind Gemeinwohl und Gerechtigkeit. Staat, Wirtschaft und Kultur sind gerecht und dem Wesen des Menschen entsprechend, wenn ihr Ziel die bestmögliche Verwirklichung des Gemeinwohl ist, so zwar, daß dabei das höhere und ewige Ziel des Menschen nicht außer acht gelassen wird.

Wie dies konkret aussehen könnte, wie eine wahrhaft menschliche Gesellschaft, die nur dann menschlich ist, wenn sie sich von Gott her versteht, aussehen könnte, soll im Folgenden erläutert werden. Schon vor vielen Jahrzehnten hat die katholische Soziallehre Schlüsse aus ihren Grundprinzipien gezogen und das Modell einer naturgemäßen, gerechten, dem Gemeinwohl dienenden Gesellschaftsordnung vorgelegt. Dieses Modell bezieht sich ausschließlich auf den gesellschaftlichen Bereich und ist unabhängig von den verschiedenen politischen Herrschaftsformen. Die Rede ist von der gesellschaftlichen Selbstverwaltung, der sozialen Demokratie, oder wie es früher genannt wurde, von der berufsständischen Ordnung.

1.1 Staat und Gesellschaft

> „Staat ist die auf die Verwirklichung der Gemeinzwecke gerichtete Gemeinschaft des Staatsvolkes; Gesellschaft sind die auf die Eigenzwecke der übrigen innerstaatlichen und überstaatlichen Lebenskreise gerichteten Gemeinschaften."
>
> (Johannes Messner, Die berufsständische Ordnung,187)

Jede gesellschaftliche Struktur bzw. jedes gesellschaftliche Gebilde ist eine Vielheit von Menschen, die auf bestimmte Güter, bestimmte Ziele hinordnet und dadurch geeint ist. Keine einzelne dieser Gesellschaften bzw. Gemeinschaften kann ihren Gliedern die Befriedigung aller wichtigen Lebensbedürfnisse ermöglichen. Daraus folgt, daß es eine umfassende gesellschaftliche Einheit geben muß, die den Zweck der Gesellschaft als Ganzes vollkommen erfüllt. Diese Einheit ist der Staat. Man kann den Staat definieren als eine dauerhafte Verbindung von Menschen unter einer Autorität zur ordentlichen Erfüllung aller Zwecke der Gemeinschaft bzw. des Gesamtgemeinwohls. Da der Staat über alle Mittel verfügt, um das Gesamtgemeinwohl seiner Glieder zur Verfügung zu stellen, ist er eine vollkommene Gesellschaft. Nach dieser naturrechtlichen Auffassung ist der Staat eine natürliche, von Gott geschaffene Gesellschaft und neben der Kirche die einzige vollkommene Gesellschaft. Vollkommen besagt hier, daß diese Gesellschaft in sich selbst über alle Mittel verfügt, um ihr Ziel zu erreichen. Von der Kirche unterscheidet sich der Staat durch den Zweck. Während der Zweck des Staates das zeitliche Wohl ist, ist der Zweck der Kirche das ewige Wohl des Menschen.

Staat und Gesellschaft sind von einander verschieden, nicht aber voneinander geschieden. Es gibt zur Frage des Verhältnisses von Staat und Gesellschaft drei grundsätzlich unterschiedliche Positionen. Einerseits kann deren Verhältnis als vollständig voneinander getrennt betrachtet werden, andererseits können beide als nahezu identisch verstanden werden. Die dritte Position ist eine mittlere zwischen diesen beiden Extremen, die Staat und Gesellschaft als zusammengehörig betrachtet, allerdings als zwei verschiedene Bereiche.

Während die erste Position einer strikten Scheidung von Staat und Gesellschaft eher von Vertretern des Liberalismus verteidigt wird, hat die Auffassung der weitgehenden Ununterscheidbarkeit beider vorwiegend Verfechter im linken politischen Lager, in radikaler Form auch im Islam. Wie in vielen anderen Fällen auch, nimmt die katholische Soziallehre hier eine mittlere Position ein.

Wenn man eine Unterscheidung von Staat und Gesellschaft verteidigt, dann muß hierfür eine Begründung angegeben werden, die sich insbesondere auf die Zuordnung der verschiedenen Bereiche zu Staat und Gesellschaft bezieht. Wenn in einem Staat alle gesellschaftlichen Tätigkeiten durch den Staat gelenkt und gesteuert werden, wie in stark interventionistischen Staatsgebilden, ist es in der Tat so, daß die gesellschaftliche Tätigkeit weitgehend durch den Staat aufgesogen wird. In einer gewissen Hinsicht gehen die meisten europäischen Staaten heute in diese Richtung.

Auf Grund des zentralen Prinzips der Subsidiarität muß eine solche Entwicklung, die eine moderne Form des Totalitarismus darstellt, entschieden bekämpft werden. Das Subsidiaritätsprinzip fordert eine klare Trennung der verschiedenen Aufgabenbereiche, auch bezüglich der Aufgaben und Tätigkeiten von Staat und Gesellschaft. Dementsprechend sind alle Aufgaben, die ihrem Wesen nach von gesellschaftlichen Strukturen übernommen und gelöst werden können, nicht Aufgabe des Staates. Zu diesen gesellschaftlichen Aufgaben gehören insbesondere die Bereiche Wirtschaft und Kultur und Erziehung. Wenn überhaupt, dann hat der Staat hier bestenfalls helfend und unterstützend einzugreifen. Primäre und wesentliche Aufgabe des Staates ist hingegen die Durchsetzung und Ausrichtung aller gesellschaftlichen Tätigkeiten auf das Gesamtgemeinwohl. Zweifellos muß jede gesellschaftliche Institution auch als solche stets das Gemeinwohl im Blick haben, doch kann dies oft nicht verhindern, daß diese Institutionen dabei ihre Gruppeninteressen in den Mittelpunkt stellen. Hier hat der Staat einzugreifen und diese partikulären gesellschaftlichen Interessen auf das Gesamtgemeinwohl hin zu orientieren.

Wie schon im vorherigen Abschnitt dargestellt, besteht die Ausrichtung aller gesellschaftlichen Tätigkeit auf das Gesamtgemeinwohl aber nicht darin, den Einzelnen und den gesellschaftlichen Verbänden ihre Aufgaben abzunehmen, sondern die Bedingungen zu schaffen, damit sie diese selbständig erledigen können. Um ein Beispiel zu nennen: für eine moderne Wirtschaft ist die Infrastruktur (Straßen und andere Verkehrwege, Datentransport und Telekommunikation etc.) lebensnotwendig, um die produzierten Waren und Dienstleitungen zu den Verbrauchern zu bringen. Sofern die wirtschaftlichen Verbände und Gemeinschaften nicht dazu in der

Lage oder nicht willens sind, diese Aufgabe selbst zu übernehmen, muß der Staat diese Infrastruktur bereitstellen. In anderer Weise gilt dies für den Bildungsbereich, der heute in allen europäischen Staaten weitgehend verstaatlicht ist, was dem Grundprinzip der Subsidiarität ganz deutlich widerspricht. Bildung und Erziehung sind primäre und wesentliche Aufgabe der Eltern, wie auch das deutsche Grundgesetz klar sagt. Sofern diese nicht in der Lage sind, diese Aufgabe zu übernehmen, sind vor allem private schulische Institutionen, besonders jedoch die Kirche in der Pflicht, diese Aufgabe zu übernehmen. Erst wenn z.B. in bestimmten Regionen alle diese Initiativen nicht zustande kommen, kann der Staat selbst Schulen gründen und unterhalten, wobei er auch in diesen Fällen nicht in die Aufgaben der Eltern eingreifen darf. Im Sinne des Gemeinwohlprinzips kann der Staat für alle Schulen bestimmte formale Lerninhalte vorgeben, wie beispielsweise die zu erwerbenden Kenntnisse in den mathematisch-naturwissenschaftlichen Fächern, Lesen und Schreiben usw. Auf gar keinen Fall ist es jedoch dem Staat erlaubt, über die mehr formalen Inhalte hinaus ideologische Vorgaben zu machen, wie dies allenthalben in Deutschland und vielen anderen europäischen Staaten gang und gäbe geworden ist. Was die berufliche Bildung angeht, so sollte aus dem Gesagten deutlich werden, daß diese zu den ausschließlichen Aufgaben der Wirtschaft gehört, einschließlich der Fachhochschulen.

Hiermit sollten nur einige allgemeine Hinweise auf die Aufgabenverteilung zwischen Staat und Gesellschaft gegeben werden. Beide sind klar zu unterscheiden, auf keinen Fall jedoch, wie im Liberalismus, zu scheiden. Zu einer am Gemeinwohl orientierten Gesellschaft ist ein liberaler „Nachtwächterstaat" keineswegs ausreichend, sondern das Gesamtgemeinwohl erfordert einen starken Staat, allerdings einen solchen, der seinen ureigensten Aufgaben nachkommt und sich nicht direkt in Wirtschaft und Kultur einmischt.

Die Unterscheidung zwischen Staat und Gesellschaft hat aber noch einen weiteren Aspekt, der für unsere Darstellung von Bedeutung ist. Die im weiteren vorgestellte soziale Demokratie ist eine *gesellschaftliche* Ordnung und kein Staatssystem. Weil sie sich ausschließlich auf die Gesellschaft bezieht, ist sie auch mit jeder staatlichen Ordnung, d.h. mit der Monarchie, der Aristokratie und der Demokratie vereinbar. Die wirtschaftliche und soziale Selbstverwaltung setzt also kein bestimmtes Staatswesen voraus und ist deshalb auch nahtlos z.B. mit dem Grundgesetz für die Bundesrepublik

Deutschland vereinbar. Dies zu betonen ist schon an dieser Stelle wichtig, da diese Ordnung fast immer mit dem sogenannten „Ständestaat“ oder dem korporativen Staat in Verbindung gebracht wird, wie er z.B. im faschistischen Italien unter Mussolini bestanden hat, aber auch in verschiedenen anderen totalitären Staaten der ersten Hälfte des zwanzigsten Jahrhunderts. Wenn es auch bei oberflächlicher Betrachtung gewisse Gemeinsamkeiten zwischen der berufsständischen Ordnung der Gesellschaft und dem Ständestaat gibt, so liegt gleichwohl zwischen diesen beiden Ordnungen ein Abgrund. Während der Ständestaat eine totalitäre staatliche Ordnung darstellt, die die Ständeordnung in Wirtschaft und Kultur dazu benutzt, diese Bereiche möglichst umfassend zu kontrollieren, ist der Sinn der sozialen Demokratie geradezu das Gegenteil, nämlich die Verhinderung jeder Form des Totalitarismus durch die strikte Durchsetzung der Subsidiarität in allen gesellschaftlichen und politischen Bereichen. Daß heute fast ausnahmslos der Begriff der berufsständische Ordnung, der nie etwas anderes war als ein demokratischer Korporativismus, die Idee einer wirtschaftlichen und sozialen Selbstverwaltung, daß diese Idee mit dem Ständestaat assoziiert wird, ist ein trauriger Erfolg der gemeinsamen Propaganda von Liberalismus und Sozialismus, die beide diese Ordnung entschieden ablehnen. Die berufsständische Ordnung unterscheidet von Anfang an klar zwischen politischer und gesellschaftlicher Ordnung, ohne beide voneinander zu scheiden. Der Sozialismus strebt demgegenüber die Aufhebung des Unterschiedes von Staat und Gesellschaft an, während der Liberalismus, heute getragen durch die weltweit operierenden multinationalen Großkonzerne, Banken und Investmentgesellschaften, die totale Trennung von Staat und Gesellschaft anstrebt. Beide Richtungen, so verschieden diese auch im Einzelnen sein mögen, sind im Ergebnis totalitär, was später noch zu zeigen sein wird. Dies ist der Grund, warum sie mit aller Entschlossenheit die Idee der sozialen Demokratie so weitgehend diskreditiert haben, daß diese aus der öffentlichen Diskussion und selbst aus der modernen kirchlichen Soziallehre verschwunden ist.

Zum Aufbau von Staat und Gesellschaft ist abschließend zu sagen, daß beide sich im subsidiären Verständnis nebeneinander und miteinander herausbilden. Während die politisch-staatliche Ordnung sich über die Nachbarschaft, die Gemeinde und den Kreis, die Stadt, den Bezirk und das Land hin zum Staat entwickelt, bildet sich die Gesellschaft im Ausgang vom Wirtschaftsbetrieb oder Kulturbereich (Wissenschaft und Forschung, Recht, Gesundheit, Kunst und Kultur u.a.), der gewissermaßen die „zweite

Heimat" des berufstätigen Menschen ist. Da diese Bereiche in der liberal-kapitalistischen Gesellschaft weitgehend ungeordnet bleiben oder durch staatliche Interventionen, die fast immer durch bestimmte Interessengruppen (Lobbyismus) massiv beeinflußt werden, planlos geordnet werden und es dadurch zu schweren Ungerechtigkeiten kommt, die alle modernen Gesellschaften kennzeichnen, hat die authentische katholische Soziallehre das Modell der berufsständischen Ordnung, bzw. der sozialen Demokratie vorgeschlagen, das die z. T. seit Jahrhunderten gewachsenen Strukturen aufnimmt und für die moderne Gesellschaft nutzbar macht.

1.2 Beruf als zweite Heimat des Menschen. Der Zweck der gesellschaftlichen Ordnung

> „Dem Menschen muß seine Arbeitsstätte wieder sein Heim werden. Dazu ist vor allem notwendig, daß der Arbeitgeber die Verpflichtung fühlt, sich auch als Mensch so zu benehmen, daß sich seine Mitarbeiter ihm gegenüber als Menschen fühlen." (Engelbert Dollfuss, Rede in Salzburg, 8. Mai 1933)

Einen großen Teil seines Lebens verbringt der Mensch in seinem Beruf. Neben Familie und Nachbarschaft ist der Arbeitsplatz die zweite Heimat des Menschen oder er sollte es sein. Statt dessen herrscht an den modernen Arbeitsstätten ein regelrechter Krieg, ein Kampf jeder gegen jeden, eine Konkurrenz um Anerkennung, finanzielles Fortkommen, Sicherheit und Erhaltung der eingenommenen Arbeitsstelle und Konkurrenz um die beste Position. Kürzlich sagte ein Hausarzt, es sei nahezu unvorstellbar, welcher volkswirtschaftliche Schaden Jahr für Jahr allein durch die krankmachenden Arbeitsbedingungen erzeugt wird, die nicht wie früher durch die schlechten umweltbedingten Arbeitsverhältnisse entstehen, sondern durch den Konkurrenzkampf am Arbeitsplatz, der das neudeutsche Wort „Mobbing" bekommen hat.

Dieser heute vor allen in anonymen Großkonzernen sehr weit verbreitete Konkurrenzkampf zwischen den Beschäftigten in einem Unternehmen ist nur das Hineintragen der kapitalistischen Konkurrenzwirtschaft in das Unternehmen selbst. So wird der Arbeitsplatz zur Qual und zum Herzinfarktrisiko statt ein zweites Heim des Menschen zu sein. Dies wiederum spiegelt nur das wieder, was die Konkurrenzwirtschaft selbst ständig produziert, nämlich die Zerstörung von Kapital, der Infarkt, sprich die Insolvenz unzähliger Unternehmen Jahr für Jahr durch den unkontrollierten, ungeordneten Konkurrenzkampf jeder gegen jeden. Keineswegs will die wirtschaftliche Selbstverwaltung den Wettbewerb abschaffen, der für die Entwicklung und Entfaltung der Wirtschaft und für die Privatinitiative überlebensnotwendig ist, aber die Ordnung der wirtschaftlichen Selbstverwaltung ist in einer ausgezeichneten Weise eine geordnete Wettbewerbswirtschaft, zu der vor allem anderen das Miteinander gehört.

Der Arbeitsplatz muß in der Tat, wie es Bundeskanzler Dollfuss ausdrückte, zu einem Heim werden, in dem Arbeitgeber und Arbeitnehmer wie in einer Familie für das Wohl des Unternehmens zusammenarbeiten, von dem beide gemeinsam profitieren. Dazu gehört unter anderem, daß die Autorität des Arbeitgebers und der von ihm eingesetzten Vorgesetzen anerkannt wird, daß aber andererseits der Arbeitgeber und die Vorgesetzten sich um das persönliche Wohl jedes einzelnen seiner Mitarbeiter sorgen wie der Vater sich um seine Familie sorgt. Ja, man kann durchaus sagen, daß das Modell der Familie auch für das Unternehmen wieder zum Vorbild werden muß, auch wenn sich dies wie eine Utopie, wie ein Traum anhört angesichts der Realitäten der globalisierten, liberalkapitalistischen Konkurrenzwirtschaft. Doch nicht von ungefähr fragen sich mehr und mehr Unternehmen angesichts der heutigen Situation, wie man ethische Maßstäbe in diesen Kampf einführen kann. Manager zahlreicher Unternehmen werden heute in Unternehmensethik unterrichtet, und mehr und mehr Unternehmer erkennen auch die wirtschaftliche Bedeutung der Ethik für einen echten Fortschritt in der Wirtschaft. Da diese Bemühungen aber bis heute weitgehend einzelbetrieblich angenommen und umgesetzt werden, können sie kaum grundsätzliche Veränderungen herbeiführen. Erst wenn die gesamte Wirtschaft nach gemeinsamen moralischen Grundsätzen organisiert ist, kann aus der „Utopie" eine Realität werden. Eine solche Wirtschaftsordnung ist die Selbstverwaltungswirtschaft.

Vor allem ist dazu nach dem eigentlich Zweck der Wirtschaft, aber auch der anderen gesellschaftlichen Erscheinungen zu fragen. Diese Frage nach dem Zweck oder Ziel beginnt bei der betrieblichen Tätigkeit und endet bei der Frage nach dem Zweck der Gesamtgesellschaft.

Ist es heute nicht vielfach so, daß man die Frage nach dem Zweck der Wirtschaft und der Gesellschaft erst gar nicht mehr stellt? Und wo sie gestellt wird, diese Frage nicht mehr verstanden wird? Fragt man einen Einzelnen, warum er arbeiten geht, so wird er darauf noch eine einigermaßen klare Antwort geben können. Man geht arbeiten, um Geld zu verdienen und so seinen Lebensunterhalt und den der Familie sicherzustellen. Es gibt selbstverständlich noch andere Gründe, arbeiten zu gehen, z.B. um in sozialen Beziehungen zu anderen Menschen zu stehen, um Anerkennung für die eigene Leistung zu erhalten oder um seine eigenen Fähigkeiten nicht brachliegen zu lassen. Für die meisten Menschen ist aber das erste und vordringlichste Ziel der Arbeit der Unterhaltserwerb.

Schon bei der Frage nach dem Zweck des Unternehmens können die subjektiven Antworten der Unternehmensinhaber oder Manager sehr verschieden ausfallen. Insbesondere bei multinationalen Großkonzernen, bei denen faktisch alle Mitarbeiter vom Unternehmensvorstand bis hin zum einfachen Arbeiter letztlich Angestellte sind, ist das Ziel des Unternehmens, zumindest hinsichtlich der subjektiven Seite, in den meisten Fällen zweit- oder drittrangig. Bei diesen Konzernen, die fast ausnahmslos Aktiengesellschaften sind, ist das Produkt weitgehend austauschbar und nur der Unternehmensgewinn, die Rendite und der Aktienkurs von Bedeutung. Und genauso handeln denn auch diese Unternehmen oft rücksichtslos und ohne Blick auf ihre gesellschaftliche Verantwortung.

Selbstverständlich ist die Rendite, der Profit, der Unternehmensgewinn ein sehr wichtiger Aspekt für die Tätigkeit eines Unternehmens. Aber ab einer bestimmten Einkommenshöhe, die ein Unternehmer oder Manager erwirtschaftet, ist der Bedarf gedeckt, den ein Mensch ausgeben kann. Dies mag sich vielleicht für einige Menschen naiv anhören, doch tatsächlich geht es bei Jahreseinkommen von über einer Million EUR und mehr nicht mehr um den Lebensunterhalt, wie hoch dieser auch sein mag, sondern um Macht. Da man mit Geld Macht ausüben kann, kann man mit mehr Geld noch mehr Macht ausüben und mit sehr viel Geld sehr viel Macht. Und so scheint heute nicht selten das Ziel unternehmerischer Tätigkeit in der Gewinnung von Macht und Einfluß über die Gesellschaft zu liegen. Daß dies faktisch so ist, bedeutet aber nicht, daß es auch so sein soll. Daß es so gekommen ist, hat seinen Grund in einer individualistischen Gesellschaftsideologie, die nur die Ziele Einzelner kennt, und allgemeine gesellschaftliche Ziele nur für Wahlkampfreden benötigt. In einer menschenwürdigen Gesellschaft und Wirtschaft – um hier einmal eines der Lieblingsworte des Individualismus zu verwenden – kann nicht das Machtstreben Sinn und

Ziel aller unternehmerischen Tätigkeit sein und noch viel weniger die Anhäufung unüberschaubaren Reichtums.

Fragt man hingegen bestimmte, noch mit gesundem Menschenverstand begabte mittelständische Unternehmer, von denen es glücklicherweise noch eine größere Zahl gibt, was das Ziel ihrer unternehmerischen Tätigkeit ist, so erinnern sie sich möglicherweise noch an den Beginn ihres Unternehmens und antworten auf die gestellte Frage, ihr Unternehmen sei dazu da, die produzierten Waren oder Dienstleistungen für den Markt und somit für die Allgemeinheit zur Verfügung zu stellen und damit einen Beitrag zum Gemeinwohl zu leisten. Dazu gehört auch die Bereitstellung von Arbeitsplätzen, die Menschen ihr Auskommen verschaffen.

Auch unabhängig davon, ob diese Antwort von einem real-existierenden Unternehmer gegeben wird oder nicht, ist dies das tatsächliche Ziel eines Unternehmens. Ein Unternehmen ist dazu da, Waren und Dienstleistungen bereitzustellen und dadurch einen Beitrag zum Gemeinwohl zu leisten. Gerade dadurch, daß der Unternehmer sich dem Wettbewerb stellt und bestrebt ist, eine möglichst gute Rendite zu erzielen, um sein Einkommen zu verbessern, aber besonders um seine Marktposition im Wettbewerb zu verbessern, leistet er zugleich einen Beitrag zum Gemeinwohl der Gesellschaft. Er stellt Waren oder Dienstleistungen zur Verfügung, die ohne seine unternehmerische Tätigkeit nicht, oder nicht in ausreichendem Maße vorhanden wären oder nicht in der von ihm gelieferten Qualität usw. Dies ist es, was sein unternehmerisches Handeln leitet oder zumindest leiten sollte: durch seine Leistung zum Gemeinwohl beizutragen, was das Eigenwohl keineswegs aus- sondern vielmehr einschließt.

Alle Unternehmen einer bestimmten Branche tragen auf ihre Weise zum Gemeinwohl bei und haben über den Wettbewerb hinaus, der jedes Unternehmen zu immer neuer Leistung anspornt, auch gemeinsame Interessen. In der liberal-kapitalistischen Konkurrenzwirtschaft ist der Mitbewerber der Konkurrent um Marktanteile, und jede Ordnung des Wettbewerbs wird als Einschränkung der individuellen unternehmerischen Freiheit betrachtet. So ist die liberale Marktwirtschaft vom Kampf jeder gegen jeden gekennzeichnet, bei der eine Ordnung nur von oben, durch den Staat aufgezwungen werden kann.

Der Zweck nicht nur des Unternehmens und der Wirtschaft, sondern der gesamten Gesellschaft ist das Gemeinwohl. Jedes Unternehmen ist eine Gemeinschaft, die wie jede andere Gemeinschaft ein bestimmtes Ziel verfolgt, das einen Wert für die Gesellschaft darstellt. Die verschiedenen Ziele so zu ordnen und aufeinander abzustimmen, daß aus ihnen ein Gesamtgemeinwohl entsteht, das wie ein lebendiger Organismus wachsen und sich entfalten kann, dies ist der Sinn der gesellschaftlichen Ordnung, die nicht, – wie der Liberalismus glaubt – ganz von allein entsteht, sondern die Lenkung durch den Staat benötigt, dessen wichtigstes Ziel das Gesamtgemeinwohl ist.

1.3 Liberale und sozialistische Ordnung der Gesellschaft

Liberalismus und Sozialismus, so sehr sich diese auch unterscheiden, sind die zwei Seiten ein und derselben Medaille. Beide Ideologien haben der Menschheit gewaltigen Schaden zugefügt und eine lange Blutspur der Verwüstung, des Krieges und des Todes hinterlassen. Nach zwei Weltkriegen und dem Ende der sozialistischen Experimente in Mittel- und Osteuropa gibt es heute praktisch keine rein liberale oder sozialistische Ordnung mehr. Die Gegensätze haben sich aneinander angepaßt, wenn auch aus zwei verschiedenen Richtungen. Sozialistische Staaten, die sich zumindest heute noch selbst so verstehen, wie China oder Kuba (Ausnahme ist Nord-Korea), nehmen zunehmend liberale Elemente auf, um ein Wachstum der Wirtschaft zu ermöglichen, während fast alle liberalen Staaten mehr oder weniger stark in der Gesellschaft intervenieren, um so die Folgen des Liberalismus im sozialen Bereich zu mildern. Dies gilt selbst für die USA, in denen der Liberalismus am stärksten verankert ist.

Gleichwohl ist es wichtig, die Grundlagen dieser beiden Ideologien und ihrer jeweiligen Ordnungsvorstellungen zu kennen, um deren weitere historische Entwicklung verfolgen zu können. Der moderne Sozialstaat oder Wohlfahrtsstaat ist nämlich ebensowenig das Ende des Liberalismus wie die Zulassung marktwirtschaftlicher Elemente im Sozialismus diesen beseitigt. Der moderne Sozialstaat wie auch der marktwirtschaftliche Sozialismus sind Kompromisse, die notwendig wurden, weil beide Ideologien sich als unfähig erwiesen haben, eine wirklich realistische und der Natur des Menschen angemessene Ordnung zu verwirklichen. Und selbst diese Kompromißformen, mit denen wir es heute zu tun haben, befinden sich durchgängig in permanenten schweren Krisen, weil ihre ideologischen Grundlagen unverändert bestehen. Man muß kein Prophet sein um mit hoher Sicherheit den Zusammenbruch des westlichen Liberalismus wie auch des noch bestehenden Sozialismus vorherzusagen. Spätestens dann, hoffentlich jedoch früher, ist die Zeit für eine naturgemäße menschliche Gesellschaftsordnung gekommen, für die soziale Demokratie.

Beginnen wir zunächst mit einem Blick auf die liberale Gesellschaftsordnung, die historisch früher als der Sozialismus entstanden ist. Für den Liberalismus ist die Freiheit des Einzelnen das ausschließliche Ordnungsprinzip der Gesellschaft. Zweck des Staates ist dementsprechend der Schutz der individuellen Freiheitsrechte. Gemeinwohl, soziale Wohlfahrt oder jede andere Intervention des Staates in der Gesellschaft widersprechen der Idee des Liberalismus, denn all dies ergibt sich durch den freien Wettbewerb der Kräfte, der zu einem Ausgleich der Interessen zwischen den konkurrierenden Parteien führen soll. So beschränkt sich der liberale Staat allein auf das Recht und ist daher reiner Rechtsstaat. Alles Recht beruht aber ausschließlich auf einer Setzung des Rechts durch den Gesetzgeber. Daß dem positiven, d.i. dem gesetztem Recht etwas anderes vorausgeht, wie das Naturrecht, wird vom reinen Liberalismus bestritten. Unter Umständen werden die sogenannten Menschenrechte als universales und vorstaatliches Recht anerkannt, wobei es verschiedene Deutungen dieser Menschenrechte gibt, die entweder dem Menschen angeboren oder im letzten auch positive Rechte sind.

Mit diesem Verständnis des liberalen Staates als Hüter individueller Freiheit und damit der Unterordnung des Staatszweckes unter die Interessen der Einzelnen eng verbunden ist der Schutz des Privateigentums durch den Staat. Da nach diesem Verständnis die individuelle Freiheit zutiefst mit dem Privateigentum verbunden ist, schützt der Staat auch dieses, worin man die Wurzel des Kapitalismus sehen kann. „Der Rechtsstaat gibt den sich ins Wirtschaftliche entladenden Energien freien Raum, ja schafft dem jetzt werdenden Wirtschaftsmenschen die rechtlichen Sicherheiten seiner freien Bestätigung. Der liberale Rechtsstaat ist der dem individualistischen Kapitalismus systemgemäße Staat.“ (Johannes Messner, 1934, 167f.)

Die Form des liberalen Rechtsstaates ist die Demokratie, besser gesagt, die liberale Massendemokratie. Die Staatsidee des Liberalismus ist der freie Vertrag freier Bürger, die sich zusammenschließen und sich gegenseitig ihre Freiheit verbürgen. So hat in einem liberalen Rechtsstaat jeder Bürger die gleichen Rechte und Pflichten und ist zugleich Träger der Staatsgewalt. Jeder ist letztlich nur sich selbst verantwortlich, jeder ist sein eigener König und realisiert so seine individuelle Freiheit. Vor dem Gesetz sind alle gleich, woraus sich für die staatliche Willensbildung das Mehrheitsprinzip ergibt. Da das Volk nicht unmittelbar regieren kann, braucht es eine vom Volk gewählte Vertretung, die dieses repräsentiert. Die Volksvertretung wird nach dem Mehrheitsprinzip über die Bildung politischer Parteien gewählt, in denen sich Menschen mit ähnlichen Anschauungen und Interessen zusammenschließen und entsprechend ihrem Stimmenanteil bei Wahlen das Parlament besetzen. Ein gemeinsames das Volk konstituierende Band, eine ursprüngliche Einheit des Volkes, die für dieses selbst konstitutiv ist, gibt es im Liberalismus nicht. Der Konkurrenzkampf in der Wirtschaft wird auf den politischen Bereich ausgedehnt, wo jeder seine individuellen Interessen mit Hilfe der Parteien im Staate durchzusetzen versucht, was die bekannte Zersplitterung in den parlamentarischen Demokratien zur Folge hat. „Bleibt in der echten Demokratie das Gemeinwohl unbedingte Norm für die Staatsführung („autoritäre Demokratie"), so ist in der formalen Demokratie die Regierung ganz an einen Mehrheitswillen gebunden, der nur zu leicht von Zufälligkeiten und Parteiegoismen bestimmt wird; und ist in der echten Demokratie das Gewicht der Stimme des einzelnen nach seiner Verantwortung abgestuft und den naturgemäßen Gliedgemeinschaften möglichst viel zur Regelung in eigener Verantwortung überlassen („organische Demokratie"), so gelten in der formalen Demokratie alle Stimmen gleich und bleibt alles der Entscheidung durch die Stimmenmehrheit der Gesamtbürgerschaft ausgeliefert." (Ibid, 172). So erweist sich die liberale Demokratie, die sich heute in fast allen westlichen Staaten etabliert hat, als Scheindemokratie. An die Stelle des proklamierten gleichen Rechts für alle tritt die Herrschaft der Parteien, die ohne Rücksicht auf das Gemeinwohl und selbst ohne Rücksicht auf ihre Wähler ihre eigenen Machtinteressen durchsetzt. Hinzu kommt die Gefahr der Demagogie, des Lobbyismus, der ideologischen Gleichschaltung und, wie sich später zeigen wird, der Einmischung in alle gesellschaftlichen Bereiche als Tendenz zum Totalitarismus.

Schon früh, nämlich zu Beginn des 19. Jahrhunderts und durch die fortschreitende Industrialisierung, zeigte sich, daß der Liberalismus in seiner reinen Form unhaltbar war und den Staat selbst zu zerstören drohte. Ohne eine staatliche Sozialpolitik kann der liberale Staat nicht bestehen, weil die inneren Widersprüche zu einer sich steigernden Radikalisierung führen und letztlich in gewaltsamen Auseinandersetzungen enden, die den Staat und die Gesellschaft bedrohen. Entgegen der reinen Lehre begannen die liberalen Staaten durch Sozialgesetze diese Spannungen zu mildern, was vom reinen Rechtsstaat wegführte und nach dem zweiten Weltkrieg in fast allen westlichen Staaten zum liberalen Sozialstaat hinführte, der mit verschiedenen Bezeichnungen wie „soziale Marktwirtschaft“ oder „Wohlfahrtsstaat“ versehen wurde. Mehr und mehr griff der Staat in diesen Ländern in die Wirtschaft ein und schuf zahlreiche staatliche Sicherungssysteme für Arbeitnehmer, wie die Arbeitslosenversicherung, die Absicherung im Alter durch die Rentenversicherung, die Sozialhilfe und vieles andere mehr, bis zu einem Ausmaß, daß heute in Deutschland 70% des exorbitanten Haushaltes des Bundes und der Länder für soziale Maßnahmen ausgegeben werden, was sich inzwischen lähmend auf die Wirtschaftsentwicklung auswirkt. Unternehmen, die den Steuer- und Abgabendruck nicht mehr tragen wollen, ziehen aus Deutschland und anderen mitteleuropäischen Ländern weg und begeben sich in Regionen, in denen der Sozialstaat noch kaum entwickelt ist.

Es ist erstaunlich, daß selbst die kirchliche Soziallehre, die eigentlich diese Zusammenhänge erkannt hatte – man lese nur die verschiedenen Arbeiten des schon zitierten Johannes Messner –, sich nach dem II. Weltkrieg mehr und mehr mit der sogenannten „sozialen Marktwirtschaft“ zu arrangieren begann und damit ihren „dritten Weg“ aufgab. Die soziale Marktwirtschaft ist und bleibt ein liberaler Reparaturbetrieb, aber keine selbständige soziale Ordnung wie die soziale Demokratie. Nirgendwo ist dies deutlicher zu erkennen als in der Krise der Sozialpolitik, die ja nicht erst in den neunziger Jahren des 20. Jahrhunderts, sondern bereits in den zwanziger und dreißiger Jahren deutlich wurde. Wenn auch die Krisen der sozialen Marktwirtschaft seit den siebziger Jahren des letzten Jahrhunderts nicht annähernd so schwer ausfielen wie die Krise der zwanziger und dreißiger Jahre, so bedeutet dies nicht, daß dies auch künftig so glimpflich abläuft; vor allem aber wird daran deutlich, daß diese schweren Krisen zum Wesen der liberalen Marktwirtschaft gehören, auch wenn sie in ihren Auswirkungen auf die Menschen im Vergleich zu früher stark abgefedert werden.

Die sogenannten „Krisen der Sozialpolitik" liegen im Wesen der liberalen Marktwirtschaft, weil dieser die Sozialpolitik eigentlich wesensfremd ist und sie diese nur betreibt, um den liberalen Staat vor dem Untergang zu bewahren. Der Liberalismus ist in jeder Hinsicht, ob politisch, wirtschaftlich oder kulturell, in sich selbst krank, und deshalb ist er nicht in der Lage, eine menschenwürdige soziale Ordnung zu schaffen.

Wie zeigt sich die Krise der liberalen Sozialpolitik? Schon eine ganz oberflächliche Betrachtung zeigt heute, wie schon in den zwanziger Jahren des letzten Jahrhunderts (Ibid 180), daß diejenigen, die von staatlicher Hilfe leben, nicht selten besser gestellt sind als diejenigen, die einer Erwerbstätigkeit nachgehen und die Lasten für diejenigen tragen, die von staatlicher Unterstützung leben. Dies allein stellt schon die ganze staatliche Sozialpolitik der liberalen Staaten in Frage. Heute ist selbst der Mittelstand von schweren Existenzängsten geplagt, weil durch die gewaltige Last der Steuern und Abgaben das reale Einkommen immer geringer wird und die Unternehmen, insbesondere die Großkonzerne, zunehmend in sogenannte Billigländer abwandern und dadurch die Arbeitsplätze hier vernichtet werden. Als ein wirklicher Steuerexperte diese Tatsachen mit aller Klarheit im Wahlkampf 2005 aussprach, wurde er unverzüglich kaltgestellt, und weil die Partei, die ihn in ihr Wahlkampfteam aufgenommen hatte, auch auf die Stimmen derjenigen angewiesen ist, die von staatlichen Transferleistungen leben, entzog man dieser Person in der eigenen Partei das Vertrauen. Denn es sind nicht nur wenige, die von staatlichen Hilfen leben, sonst ließen sich die 70% Staatshaushalt für soziale Transferleistungen zugunsten der staatlich Versorgten wohl kaum erklären. Das Institut der Deutschen Wirtschaft hat für 2006 errechnet, daß jeder dritte inzwischen finanzielle Hilfe vom Staat erhält. Allein von den möglichen Erwerbstätigen lebt jeder vierte (!) ganz oder teilweise von staatlichen Hilfen.

Daß es so weit kommen konnte, liegt in der Natur der staatlichen Hilfeleistung. Diese führt nämlich bekanntermaßen zum Verlust des Bewußtseins der Selbstverantwortung und zu einer um sich greifenden Anspruchshaltung, zumal der liberale Sozialstaat ein Recht auf Sozialhilfe verspricht. Bei den Gewerkschaften, die vor allem die Interessen der Beschäftigten vertreten sollten, führen derartige Einsichten nicht zu der Schlußfolgerung, eine Senkung der Steuer in Verbindung mit einer Reduzierung staatlicher Zuwendungen zu fordern, sondern zu völlig überhöhten Lohn- und Gehaltsforderungen, um auf diese Weise den Abstand zwischen Sozialhilfeempfängern und Erwerbstätigen zu vergrößern.

Diese verschiedenen Erscheinungsformen der Krise der Sozialpolitik haben einen gemeinsamen Grund, nämlich die individualistische Ideologie des Liberalismus, die dieser Politik zugrunde liegt. Die gesamte Sozialpolitik des liberalen Staates ist nämlich primär, wenn auch heute nicht mehr ausschließlich, auf die Existenzsicherung gerichtet. Die Folgen des liberalen Kapitalismus sollen durch Sozialpolitik gemildert und die sozialen Folgen soweit korrigiert werden, daß ein gewisser Bestand gesichert bleibt (Ibid, 181). Der Charakter dieser Sozialpolitik besteht in der Abwendung der negativen Folgen des Kapitalismus und diese Politik weist niemals über die liberale Ideologie der Gesellschaft hinaus. Alle rechtlichen Maßnahmen bleiben individualrechtlich. So führt beispielsweise die Arbeitslosenversicherung dazu, daß die Unternehmen ihre Mitarbeiter in großem Maßstab freisetzen können, um so ihre Profite weiter zu steigern, natürlich auf Kosten der in die Arbeitslosenversicherung einzahlenden Allgemeinheit. Die Entlastung der Unternehmen von der Fürsorge für Kranke und ältere Arbeitnehmer verführt zur Frühverrentung von nicht voll leistungsfähigen Mitarbeitern und auf Seiten der Arbeitnehmer zu dem vierzehntägigen jährlichen „Krankheitsurlaub“ oder auf Seiten der Arbeitgeber zur rücksichtslosen Steigerung der Produktivität auf Kosten der Gesundheit der Mitarbeiter. Auch der Zentralismus der staatlichen Sozialversicherung hat eine Tendenz zur Erfassung immer breiterer Personenkreise, weil nur so die Möglichkeit besteht, immer weitere Risiken abzusichern. Das Bestreben linker Kräfte in allen deutschen Parteien nach einer sogenannten „Bürgerversicherung“, in die dann zwangsweise auch die einzahlen müssen, die in der Lage sind, für ihre eigene Absicherung zu sorgen, gibt davon aktuell Zeugnis.

Der gegenwärtige Zustand des Sozialstaates in Deutschland und in fast allen westlichen Ländern sollte eigentlich zu der Einsicht geführt haben, daß dieses liberale System des Sozialstaates schon seit langem gescheitert ist; die liberale Sozialpolitik hat das, wozu sie in der Lage war, getan und mehr kann von ihr nicht erwartet werden. Die ihr zugrundeliegende individualistische Ordnungsvorstellung ist nicht in der Lage, über sich selbst hinauszuwachsen. An der ursprünglichen reinen Lehre des Liberalismus ist dies eine richtig, daß der Staat nicht in der Lage ist und daß es auch nicht seine Aufgabe ist, Sozialpolitik zu betreiben, zumindest nicht in dem Sinne, daß er selbst die sozialen Maßnahmen organisiert. Diese Aufgabe liegt bei den in der Wirtschaft tätigen Arbeitgebern und Arbeitnehmern, und zwar nicht als Einzelnen, sondern als soziale Berufsgemeinschaft.

Nun könnten einige unserer Aussage möglicherweise so verstanden werden, der Sozialismus sei der wirkliche Ausweg aus dem liberalen Dilemma. In gewisser Hinsicht könnte man nämlich sagen, daß der reine Sozialismus bzw. Marxismus ebenfalls der Ansicht ist, die Sozialpolitik sei nicht Aufgabe des Staates. Interessanterweise sind sich in diesem Punkt reiner Liberalismus und reiner Sozialismus und selbst die authentische katholische Soziallehre einig, wenn auch aufgrund völlig unterschiedlicher Voraussetzungen. Der Sozialismus im Sinne von Marx und Engels lehnt nämlich den Staat überhaupt ab oder betrachtet diesen allenfalls als vorübergehendes Instrument in den Händen der Arbeiterklasse zur Abschaffung des Staates in Richtung auf eine klassenlose Gesellschaft.

Die sozialistische Ideologie von der Ordnung der Gesellschaft soll hier nur in aller Kürze dargestellt werden, zumal diese Ideologie heute in den westlichen Ländern, aber auch darüber hinaus, kaum noch von Bedeutung ist. Die modernen Sozialisten sind Sozialdemokraten geworden und deren Ordnungsvorstellungen haben sich dem Liberalismus angepaßt. Sie streben zwar vom Prinzip her weiterhin die Abschaffung des Staates an und benutzen dazu den Staat selbst. Da der Sozialismus keinerlei Staatsidee kennt, ist dieser für ihn nichts anderes als ein Instrument der herrschenden Klasse. Dieses Instrument muß der Sozialismus selbst in die Hände bekommen, um damit seine eigenen Ideen und Vorstellungen durchzusetzen. Es gibt für den Sozialismus aber grundsätzlich keine Norm für staatliches Handeln, da er nur eine funktionalistische, instrumentelle Vorstellung vom Staat hat.

In der reine Lehre des Marxismus gibt es nur die Gesellschaft. Nicht nur der Staat ist eine Funktion der Gesellschaft, sondern auch andere Gemeinschaften wie die Familie, die Berufsgemeinschaft oder die Nation müssen abgeschafft werden. Der tiefe Haß aller linken Kräfte in Europa auf die Nation hat hier ihren Ursprung. Die Sowjetunion unter Lenin versuchte, die komplette Kindererziehung zu verstaatlichen und auf diese Weise die Familie abzuschaffen, ein Versuch, der natürlich mißlingen mußte, was heutige Politiker nicht davon abhält, das Gleiche erneut zu versuchen (Stichwort: 700.000 Kinderkrippenplätze für Deutschland).

Nach marxistischer Lehre gab es ursprünglich eine klassenlose, reine Gesellschaft, bei der es auch keine Familien oder andere Gemeinschaften gab. Allen gehörte alles, und alle Aufgaben wurden von allen erledigt. Mit der Herrschaft des Menschen über den Menschen, der Klasse über die Klasse, ist der Staat entstanden. Dieser war und ist nie etwas anderes gewesen als Klassenstaat, ein Instrument der herrschenden Klasse zur Unterdrückung der beherrschten Klasse. Der Staat ist ein Mittel des Klassenkampfes in der Hand der herrschenden Klasse. Darum hat der Sozialist auch keinerlei Norm für die Staatsgewalt, da alles Recht nur zum Überbau gehört und im Interesse der Herrschaftssicherung der herrschenden Klasse dient. Alles Recht ist dementsprechend Recht der Herrschenden, gemacht zur Unterdrückung der arbeitenden Klasse und somit positives Recht. Auch in diesem Punkt, daß alles Recht positives Recht ist, sind sich, ganz im Unterschied zum Naturrechtsverständnis der katholischen Soziallehre, Liberalismus und Sozialismus, wenn auch unter verschiedenen Voraussetzungen, einig.

Der sozialistische Staat, der für eine vorübergehende Periode erforderlich ist, will nun nicht die Klassengegensätze versöhnen. Er ist ein Instrument in den Händen der dann regierenden Arbeiterklasse zur Unterdrückung der bisher herrschenden Klasse, allerdings mit dem Unterschied, wie Marx betont, daß der Staat jetzt seine eigene Abschaffung betreibt um zu einer klassenlosen Gesellschaft zu werden, in der es keinerlei Eigentum mehr gibt, insbesondere kein Eigentum an Produktionsmitteln. Der erste Schritt nach der Machtergreifung ist die Sozialisierung des Privateigentums an Produktionsmitteln, und da dieses Privateigentum der Grund des Staates ist, ist seine Abschaffung zugleich der erste Schritt zur Abschaffung des Staates.

Bekanntlich sind alle real existierenden sozialistischen Staaten nicht über die Diktatur einer Parteioligarchie hinausgelangt, die später auch von Lenin und insbesondere von Stalin theoretisch gerechtfertigt wurde. Das Ziel der Abschaffung des Staates wurde auf den Tag verschoben, an dem in allen Länder der Erde der Sozialismus gesiegt hätte. Anstelle der Gesellschaft wurde der Staat selbst Eigentümer der Produktionsmittel, und je mehr das Privateigentum zurückgedrängt wurde, desto größer wurde die Verelendung des Volkes, das letztlich dann mit dem Ruf „Wir sind das Volk!“ auf die Straße ging, um die „Diktatur des Proletariats“, die „Volksherrschaft“ zu stürzen. Der Sozialismus bzw. der Kommunismus hat in der Praxis mit aller Klarheit gezeigt, daß er zur Schaffung einer menschenwürdigen, gerechten gesellschaftlichen Ordnung unfähig ist. Daß diese atheistische, materialistische und zutiefst menschenverachtende Ideologie nur fünfzehn bis zwanzig Jahre nach ihrem Untergang neue Erfolge feiert, hat allein seinen Grund in der ebenso vollständigen Unfähigkeit des Liberalismus, eine menschenwürdige und gerechte gesellschaftliche Ordnung zu schaffen. Sobald eine wirtschaftliche Krise auftritt, glauben die Menschen bei sozialistischen Ideologien Zuflucht und Hilfe finden zu können; läßt die Krise dann etwas nach, begrüßt man doch wieder die liberale soziale Marktwirtschaft. Und so schwankt die Gesellschaft hin und her zwischen Skylla und Caryptis, ohne eine klare Ordnungsvorstellung für die Gesellschaft zu haben, weil man nur Liberalismus und Sozialismus kennt und seit einem halben Jahrhundert von Seiten der katholischen Kirche keine Hilfe mehr erwartet, die man infolge des Zweiten Vatikanischen Konzils derzeit wohl auch nicht erwarten kann.

Bis heute bieten Sozialdemokraten, sofern sie nicht schon Liberale geworden sind, Sozialisten und Kommunisten keine anderen Lösungen, als die, die sich schon seit sehr langer Zeit als unfähig erwiesen haben, die Krise der Gesellschaft und die soziale Frage zu bewältigen: Massive staatliche Intervention bis hin zur Verstaatlichung von Unternehmen oder ganzer Wirtschaftszweige. Diese Interventionen sind selbstverständlich nur durch massive Steuerbelastungen zu finanzieren, wozu dann noch die Geschenke für die Personenkreise kommen, die von staatlicher Hilfe leben. Schon heute liegt die Staatsquote in Deutschland bei 60%, so daß faktisch nur noch 40% übrigbleiben, die man „verstaatlichen“ kann, auch ohne diese Unternehmen direkt in die Hände staatlicher Verwalter zu geben, sondern allein durch steuerlichen Abgabendruck. Irgendwann gehen dann alle Personen arbeiten, die Unternehmer führen weiter ihre Betriebe, doch ihr gesamtes Einkommen und der Gewinn fließen vollständig an den Staat und werden von diesem wieder verteilt. Ist das die Idee des neuen Sozialismus nach dem Zusammenbruch des real existierenden Sozialismus?

Zusammenfassend zeigt sich damit, daß sowohl der Sozialismus als auch der Liberalismus falsche Ideologien sind, die nicht in der Lage sind, der Gesellschaft eine realistische, rationale Ordnung zu geben, die sowohl das Privateigentum und die Eigeninitiative schützt und fördert, zugleich aber die Gegensätze in der Gesellschaft durch die Ausrichtung aller gesellschaftlichen Tätigkeiten auf das Gemeinwohl hin versöhnt und so eine gerechte, der Leistung und Verantwortung angemessene Verteilung der erwirtschafteten Güter sicherstellt. Der letzte Grund dieser Unfähigkeit ist, wie in der Politik und in allen anderen Bereichen, ein theologischer. Liberalismus und Sozialismus sind atheistische Ideologien; eine Theorie, die Gott aus der Gesellschaft, dem Staat und dem Leben ausschließt, reduziert die Wirklichkeit und schließt sie von ihrem Ursprung und Ziel aus. Deshalb kann nur eine wahrhaft christliche Gesellschaftslehre, die sich der Erbsünde bewußt ist und deshalb kein Heil auf Erden erwartet, eine realistische und gerechte Ordnung der Gesellschaft entwickeln.

1.4 Klasse und Berufsgemeinschaft

Methodische Vorbemerkung

Im folgenden Abschnitt werden wir einige verwendete Grundbegriffe definieren und Prämissen formulieren, die für die weitere Argumentation vorgesetzt werden.

Für die Definitionen sowie die Argumentation orientieren wir uns an der modernen Logik, werden allerdings aus Gründen der Allgemeinverständlichkeit auf die übliche Symbolik verzichten.

Zunächst ein kurzes Wort zur Definition. Unter der Definition eines Wortes verstehen wir nicht bloß die Begriffserklärung bzw. die Begriffsanalyse, wie dies vielfach in der sogenannten sprachanalytischen Philosophie üblich ist. Die Definition ist die sprachliche Formulierung eines objektiven Sachverhalts, auf den wir uns mit diesem Wort intentional beziehen.

Klasse

Das Wort „Klasse“ war lange Zeit umstritten, weil verschiedene Theorien zu bestreiten versuchten, daß es überhaupt so etwas wie verschiedene Klassen gibt. Für die Zeit des späten 19. und für das 20. Jahrhundert ist dies aber wohl kaum zu bestreiten, wie heute allgemein anerkannt wird. Seit dem späten zwanzigsten Jahrhundert ist allerdings die durchaus berechtigte Frage zu stellen, ob es noch gesellschaftliche Klassen gibt. Diese Frage ist allerdings erst dann sinnvoll, wenn man geklärt hat, was denn eine Klasse ist.

Ein weiteres Problem ist die Gleichsetzung von Klasse und Berufsstand, die sich besonders im späten 19. und frühen 20. Jahrhundert bei verschiedenen Autoren finden läßt. Zu diesen Autoren gehört sogar Max Weber, der beide Worte im Sinne von Interessengruppen, die von einem Machtstreben geleitet werden, definiert.

Zentral ist der Klassenbegriff bekanntlich im Denken des Marxismus bis in unsere Zeit. Der marxistische Klassenbegriff ist allerdings zutiefst ideologisch und insofern auch einseitig geprägt und bildet einen der Grundbegriffe der dialektischen Gesellschaftstheorie.

Wichtig für die gesellschaftliche Klasse ist, daß es sich um eine gesellschaftliche Gruppe handelt, die in der Auseinandersetzung mit anderen Klassen um die Durchsetzung oder Neugestaltung der sozialen Ordnung kämpft. Mit der Klasse ist deshalb eine Auseinandersetzung verbunden, und nur dort, wo es mindestens zwei Klassen gibt, die sich in gegenseitiger Auseinandersetzung befinden, kann von einer Klassengesellschaft gesprochen werden.

Wir definieren deshalb die Klasse auf der Grundlage von Gundlachs Definition (J. Messner, 1934, 148) folgendermaßen

KL „Klasse“ = x ist eine Klasse genau dann, wenn x eine organisierte innerstaatliche Großgruppe ist und x das Ziel hat, in der Auseinandersetzung mit einer anderen organisierten innerstaatlichen Großgruppe eine bestimmte Gestaltung der Gesellschaft durchzusetzen.

Dabei ist es im Allgemeinen so, daß die eine Gruppe (Klasse) eine bestimmte gesellschaftliche Gestaltung verteidigt, während die andere Gruppe diese Gestaltung ändern will, um ihre eigene Vorstellung von öffentlicher Wohlfahrt bzw. von Gemeinwohl durchzusetzen. Eine Gesellschaft, in der solche Klassengegensätze herrschen, ist eine Klassengesellschaft, die von einem Klassenkampf geprägt ist.

Die meisten liberalen kapitalistischen Gesellschaften Europas des späten 19. und der ersten Hälfte des 20. Jahrhunderts waren in diesem Sinne Klassengesellschaften. Aus diesen gesellschaftlichen Verhältnissen haben sich die bis heute wirksamen politischen und sozialen Strukturen entwickelt, wozu beispielsweise die politischen Parteien gehören, die ursprünglich politische Vertretungen der Klassen waren. Infolge der nach dem II. Weltkrieg in fast allen Industriestaaten sich etablierenden sozialen Marktwirtschaft bzw. des Wohlfahrtsstaates sowie den Veränderungen in den postindustriellen Gesellschaften sind die Klassengegensätze weitgehend verschwunden. An ihre Stelle sind heute Unterschiede zwischen verschiedenen Schichten der Gesellschaft getreten, die aber, anders als bei den Klassengesellschaften, nicht mehr organisiert auftreten und keine klar erkennbaren Ziele verfolgen, die sich von denen anderer Schichten unterscheiden. Gleichwohl führen diese Unterschiede zwischen den verschiedenen

Schichten – im allgemeinen unterscheidet man Unter- Mittel- und Oberschicht – zu nicht unerheblichen Auseinandersetzungen, die auch die modernen, postindustriellen Gesellschaften kennzeichnen. In diesen Auseinandersetzungen geht es aber, im Unterschied zur Klassengesellschaft, nicht um die Neugestaltung der Gesellschaft, sondern eher um Fragen der Verteilungsgerechtigkeit und den Anteil am Wohlstand der Gesellschaft. Diese verschiedenen Schichten haben ihre politischen Vertretungen in bestimmten Parteien, wenn die Grenzen auch lange nicht mehr so klar und eindeutig sind wie in einer Klassengesellschaft.

Im Unterschied zur Klassengesellschaft, die wesentlich durch die gesellschaftliche und politische Auseinandersetzung geprägt ist, ist eine Gesellschaft auf der Grundlage der Berufsgemeinschaft durch die Zusammenarbeit der verschiedenen Angehörigen einer Berufsgemeinschaft gekennzeichnet. Dies folgt aus der Definition der Berufsgemeinschaft:

BG „Berufsgemeinschaft“ = x ist eine Berufsgemeinschaft genau dann, wenn x eine Gliedgemeinschaft ist, deren Ziel die Erbringung einer für die Gesellschaft notwendigen Leistung ist.

In dieser Definition wird das Wort „Gliedgemeinschaft“ verwendet, das einer eigenen Definition bedarf.

GL „Gliedgemeinschaft“ = x ist eine Gliedgemeinschaft genau dann, wenn x Teil einer umfassenderen Gemeinschaft ist, und die Mitglieder von x durch die Hinordnung auf bestimmte Güter miteinander verbunden sind und diese Güter Teil der Güter der umfassenden Gemeinschaft sind.

Jede Gemeinschaft oder Gesellschaft ist durch einen bestimmten Zweck, ein Ziel, bestimmt, um dessentwillen sie besteht. Alle Mitglieder einer Gemeinschaft sind durch dieses Ziel untereinander verbunden. Während das Ziel der Klasse die Gestaltung einer bestimmten gesellschaftlichen Ordnung im Kampf gegen eine andere Ordnung ist, sind die Glieder einer Berufsgemeinschaft durch ein gemeinsames Leistungsziel miteinander verbunden, das nicht im Gegensatz zu den Zielen anderer Gemeinschaften besteht, sondern im Gegenteil durch die Hinordnung auf die Güter einer anderen, umfassenderen Gemeinschaft.

Die Zugehörigkeit zu einer Berufsgemeinschaft wird im wesentlichen durch die Teilnahme an einer bestimmten gesellschaftlichen Funktion begründet. Die Art der Mitwirkung an der gemeinsamen Funktion, ob in leitender oder abhängiger Stellung, ist hingegen nebensächlich (Ibid 569). Durch die Zugehörigkeit zu einer Berufsgemeinschaft wird der Einzelne zugleich Glied der Gesamtgesellschaft, wird er in die Gesellschaft als Ganzes eingeordnet und bekommt so seine Stellung, seinen Stand in der Gesellschaft.

Allgemein bekannt ist, daß Strukturen etwas ähnlicher Art eine nicht unwesentliche Rolle in der besonders erfolgreichen japanischen Gesellschaft spielen. Allerdings ist es hier nicht die Zugehörigkeit zu einem Stand, die eine Person in die gesellschaftliche Ganzheit einordnet, sondern die Zugehörigkeit zu einem bestimmten Unternehmen. Dies führte in Japan über lange Zeit zu einem relativen gesellschaftlichen Frieden, der aber durch die massiven Ungleichheiten zwischen Mitarbeitern bekannter Großkonzerne und Mitarbeitern kleiner Unternehmen, die in vielen Fällen als Zulieferer arbeiten und oft sozial benachteiligt sind, zunehmend gefährdet ist.

Betrachten wir die verschiedenen konstitutiven Elemente der Berufsgemeinschaft etwas eingehender. Die Berufsgemeinschaft ist eine Gliedgemeinschaft, sie ist Teil einer umfassenderen Gemeinschaft. Als solche erbringt die Berufsgemeinschaft eine für die Gesellschaft notwendige Leistung. Die Berufsgemeinschaft ist also eine Leistungsgemeinschaft. Durch die ihr eigentümliche Leistung wird diese Gemeinschaft konstituiert. Und nur insofern sie diese Leistung erbringt, ist sie Teil der umfassenderen Gemeinschaft. Die Leistung, die die Berufsgemeinschaft erbringt und die für diese konstitutiv ist, ist zugleich deren Verpflichtung. Aus dieser Pflicht ergeben sich auch die Rechte der Berufsgemeinschaft und ihrer Mitglieder innerhalb der Gesellschaft, wie sich überhaupt naturrechtlich alle Rechte nur auf Grund von Pflichten ergeben. Als Leistungsgemeinschaft unterscheidet sich die Berufsgemeinschaft klar von der mittelalterlichen Ständeordnung, die sich durch Geburt, Besitz, Macht und soziale Stellung begründete. „Die berufsständische Ordnung dagegen geht auf die Leistung des Einzelnen in der gesellschaftlichen Leistungsverbundenheit zurück, läßt diese Verbundenheit auf der Gemeinschaft freier Persönlichkeiten beruhen und ist deshalb ‚ausgesprochen demokratischer Natur'." (Ibid, 571)

Die Berufsgemeinschaft erbringt eine *notwendige* Leistung. Was hier unter Notwendigkeit zu verstehen ist, läßt sich nicht so einfach festlegen. Zweifellos gibt es eine größere Zahl von Produkten, die von bestimmten Unternehmen hergestellt werden, über deren Notwendigkeit sich streiten läßt. Dies betrifft aber die Berufsgemeinschaft nicht grundsätzlich; solche Produkte würden in einer auf wirtschaftliche Selbstverwaltung angelegten Gesellschaft möglicherweise nicht produziert werden. Da ein solches Unternehmen aber Teil einer Berufsgemeinschaft ist, kann man nicht ohne weiteres eine ganze Berufsgemeinschaft als nichtnotwendig bezeichnen. Jede Berufsgemeinschaft, die einen Beitrag zum Gemeinwohl leistet, ist in diesem Sinne als notwendig zu bezeichnen. Daraus folgt umgekehrt, daß eine Berufsgemeinschaft, die keinen Beitrag zum Gemeinwohl leistet, nicht Teil einer wirtschaftlichen Selbstverwaltungsordnung sein kann. Welche unter den derzeit bestehenden Branchen dazu gehören, wird sich im Rahmen des Aufbaus der wirtschaftlichen und sozialen Selbstverwaltung von selbst zeigen.

Zum Schluß dieses Abschnitts sei noch einmal der wesentliche Unterschied zwischen Klasse und Berufsgemeinschaft hervorgehoben. Die Klasse konstituiert sich vor allem durch einen Gegensatz zu einer anderen Klasse. Der Berufsgemeinschaft konstituiert sich demgegenüber durch eine gemeinsam erbrachte Leistung für das Gemeinwohl. Der Klassengegensatz besteht in einem Streit über die Gestaltung des Gemeinwohls, die berufständische Gemeinschaft erbringt ihren Beitrag zum Gemeinwohl und jeder, der daran mitwirkt, erhält den Anteil, der ihm zukommt, der seiner Leistung im Gesamtorganismus entspricht. Schon diese einfachen Überlegungen zeigen die Überlegenheit der sozialen Demokratie über die Klassengesellschaft. Aber die Ordnung wirtschaftlicher und sozialer Selbstverwaltung ist auch der modernen postindustriellen Gesellschaft deutlich überlegen, die zwar nicht mehr wesentlich durch den Klassenkampf gekennzeichnet ist, die aber vom individualistischen Kampf jeder gegen jeden geprägt wird. Diese postmoderne Gesellschaft ist, wie keine andere Gesellschaft in der Menschheitsgeschichte zuvor, von einem Grad der Vereinzelung und Atomisierung geprägt, der die Fundamente der Gesellschaft zutiefst erschüttert und zu deren Untergang führen wird. Schon heute gelingt es den Staaten nicht mehr, die verschiedenen sich gegenseitig bekämpfenden Kleingruppen, Interessengemeinschaften, Parallelgesellschaften usw., die in sich selbst wiederum alles andere als einheitlich sind, zu verbinden. So ist die Politik der vergangenen Jahrzehnte mehr und mehr zu einer Politik für Minderheiten geworden, wobei die Minderheit, die am lautesten ihre Interessen vertritt und die sogenannte „öffentliche Meinung“ auf ihre Seite zu ziehen versteht, sich am ehesten durchsetzt. Es fehlt mehr und mehr an bindenden Kräften und es steht zu vermuten, daß dies nicht ganz ohne Absicht geschieht. Durch die radikale Individualisierung und Atomisierung werden die Menschen leicht manipulierbar und dies nicht nur für die verschiedenen Ideologien; sie werden ebenso sie für den totalen Konsum gefügig gemacht. Auf der anderen Seite aber führt dies zu schweren Reibungsverlusten in der Wirtschaft. Allein die wirtschaftlichen Verluste durch den Krankenstand aufgrund des heute allgegenwärtigen Mobbing dürften in die Milliarden Euro pro Jahr gehen, andere Folgen gar nicht erst mit gerechnet.

Daß dies alles keineswegs im Interesse der kleinen und mittelständischen Unternehmen ist, liegt auf der Hand. Deshalb hat die Zusammenarbeit kleiner und mittelständischer Unternehmer in verschiedenen Regionen in den vergangenen zwei Jahrzehnten weiter zugenommen, um gemeinsam die Folgen der postindustriellen liberalen Gesellschaften zu reduzieren, leider zumeist ohne größeren Erfolg. Nichts ist heute für die Stabilität der Gesellschaft und der Staaten wichtiger als die Wiederherstellung echter Gemeinschaften. Die meisten postindustriellen Regierungen tun aber ganz offensichtlich alles, um dies zu verhindern, indem sie glauben, durch „social engineering“ die Probleme in den Griff zu bekommen. Genau das Gegenteil, der weitere Zerfall der Gesellschaft und des Staates, wird die Folge sein.

1.5 „Der dritte Weg“. Die Ordnung der sozialen und wirtschaftlichen Selbstverwaltung.

Bevor wir in den folgenden Kapiteln die Struktur und den Aufbau der sozialen Demokratie im einzelnen betrachten, soll an dieser Stelle zunächst die Grundlage dieses von der katholischen Soziallehre vorgeschlagene Modells einer wahrhaft gerechten und freien Gesellschaftsordnung vorgestellt werden.

Zunächst werden wir aber das bisher Gesagte noch einmal klar und übersichtlich zusammenfassen und dann erweitern, damit auf diese Weise der gesamte Zusammenhang für das später Folgende präsent ist. Wir wollen dazu, die im letzten Abschnitt vorgestellte Methode aufgreifend, die wichtigsten Definitionen im Zusammenhang und in einer richtigen Ordnung vorstellen.

Beginnen wir mit dem Staat als der umfassenden Gesellschaft.

ST „Staat“ = x ist ein Staat genau dann, wenn x eine vollkommene Gesellschaft ist, und x eine Vielzahl von Menschen ist, die unter einer gemeinsamen Autorität steht, und der Zweck von x die Realisierung des Gesamtgemeinwohls ist.

Die Definition umfaßt drei Eigenschaften die durch eine Konjunktion verbunden sind. Nur dann, wenn alle drei Eigenschaften zusammen bestehen, kann von einem Staat gesprochen werden. Zunächst ist der Staat eine vollkommene Gesellschaft. In dieser Eigenschaft unterscheidet er sich von allen anderen Gesellschaften bzw. Gemeinschaften mit Ausnahme der Kirche. Von dieser unterscheidet sich der Staat dadurch, daß der Zweck des Staates ein zeitlicher ist, während der Zweck der Kirche ein ewiger ist. So stellt sich zunächst die Frage, was eine vollkommene Gesellschaft ist.

VG „vollkommene Gesellschaft“ = x ist eine vollkommene Gesellschaft genau dann, wenn x die Mittel zur Verwirklichung seines Zieles (Zweckes) in sich selbst hat.

Keine andere Gesellschaft ist in der Lage, ihre Ziele allein durch sich selbst zu erlangen. Dies wird dann verständlich, wenn man den Blick auf das Gesamtgemeinwohl lenkt. Jede andere Gesellschaft kann ein bestimmtes Ziel erreichen, doch ist sie nicht in der Lage, ihren Mitgliedern alle Lebensbedürfnisse zu erfüllen. So kann ein Wirtschaftsunternehmen bestimmte Produkte herstellen. Es bedarf dazu jedoch z.B. einer gewissen Infrastruktur, es braucht andere Unternehmen, die als Zulieferer tätig sind, es braucht bestimmte Rohstoffe, die zur Erzeugung der Produkte herangeschafft werden müssen, es braucht die Sicherheit und Zuverlässigkeit im Zahlungsverkehr und gegen kriminellen Betrug und vieles andere mehr. Dies gilt in anderer aber ähnlicher Weise von jeder anderen Gesellschaft innerhalb eines Staates. Keine einzige Gesellschaft außer dem Staat hat den Zweck, das Gesamtgemeinwohl zu verwirklichen. Zugleich verfügt der Staat aber auch über alle Mittel, diesen Zweck zu erfüllen.

Die in der Definition genannte Vielzahl von Menschen ist das Staatsvolk, das unter einer einheitlichen Autorität steht. Staat und Volk sind durchaus verschieden. So gibt es die Möglichkeit, daß verschiedene Völker unter einem Staat zusammengefaßt sind, aber auch, daß ein Volk in zwei oder mehrere Staaten geteilt ist. Deshalb enthält die Definition nicht das Volk, sondern nur eine Vielzahl von Menschen unter einer gemeinsamen Autorität. Diese Autorität, der alle Glieder eines Staates unterstehen und die in allen Instanzen einheitlich ist, ist notwendig für die Existenz des Staates. Daher wollen wir das Wort „Autorität" definieren.

AT „Autorität" = x ist eine Autorität genau dann, wenn x eine einheitliche Ordnungsgewalt ist, die in allen ihren Gliedern gleich ist und ihre Gewalt durch Gott hat mit dem Ziel der Verwirklichung des Gesamtgemeinwohls.

Autorität beruht nicht auf einer freien Vereinbarung zwischen Menschen, sondern sie liegt in der Natur der Gemeinschaft als einer Ziel- und Ordnungseinheit von Personen. Autorität ergibt sich aus der natürlichen Ordnung des Menschen. Dies einzusehen ist durchaus nicht schwer, ganz im Gegenteil. Der moderne Positivismus und das Naturrechtsverständnis der Aufklärung, das nur das freie Individuum kennt und jede Verpflichtung und Ordnung als Einschränkung der individuellen Willkür interpretiert, haben die natürliche Autorität untergraben. Jede Gemeinschaft, jede Gesellschaft und sei es ein Kegelklub, hat ein bestimmtes Ziel und unterliegt einer bestimmten Ordnung, um dieses Ziel zu verwirklichen. Ein gemeinsames Ziel kann aber nur erstrebt und erreicht werden, wenn die verschiedenen Kräfte und Tätigkeiten von diesem Ziel her bestimmt werden und auf dieses Ziel hingelenkt werden. Der Einzelne hat seine persönlichen, individuellen Ziele und wenn jeder nur diese verfolgt, werden keine gemeinsamen Ziele realisiert. Ein gemeinsames Ziel verlangt die Einordnung der eigenen Ziele und in vielen Fällen auch die Unterordnung der eigenen Ziele unter denen der Gemeinschaft. Daraus folgt logisch, daß es ein bestimmtes Organ geben muß, dem das Gemeinwohl als Ziel der Gesellschaft anvertraut ist und das bestimmt, was die Glieder der Gesellschaft zur Erreichung des Zieles zu tun haben. Dieses „Organ" hat die Autorität, durch die die Glieder der Gemeinschaft auf die Verwirklichung des Zieles, des Gemeinwohls, ausgerichtet werden. Die Autorität ist in diesem Sinne der Garant des allgemeinen Wohles. Sie folgt aus dem Wesen der Gesellschaft als einer Ziel- und Ordnungseinheit. Dabei gibt es selbstverständlich einen Unterschied zwischen den natürlichen Gemeinschaften, wie der Familie und dem Staat, und den freien Gemeinschaften, wie einer Aktiengesellschaft oder einem Kegelklub. Da die natürlichen Gemeinschaften bestehen *müssen*, muß hier auch eine Autorität bestehen; für sie ist die Autorität *notwendig*, während die Autorität der freien Gemeinschaften nur bedingt notwendig ist.

Wie auch immer die Autorität zustande kommt, ob durch Wahl, Ernennung oder auf natürliche Weise (Vater als Familienoberhaupt, Monarchie), immer besitzt die Autorität Macht. Er, der Autoritätsträger, übt seine Autorität durch die damit verbundene Macht aus. Diese Macht, die einer Autoritätsperson zukommt, ist aber keineswegs nur ein funktionales Element, das nur dadurch besteht, daß die anderen Personen der Gesellschaft dieser Person die Ausübung bestimmter Funktionen gestatten. Da Gott allmächtig ist, gibt es keine Macht, die nicht von Gott selbst kommt. Die Macht der Autoritätsperson ist dieser somit von Gott selbst verliehen worden und damit ist die Zurückweisung von Forderungen einer Autoritätsperson eine Zurückweisung Gottes, ein „non serviam" (ich will nicht dienen).

Das Wort Autorität kommt aus dem lateinischen und bedeutet eigentlich Urheberschaft. Nun gibt es zwei verschiedene Formen des Ursprungs bzw. der Urheberschaft: einerseits den Ursprung in der Ordnung des Seins, des Lebens, anderseits in der Ordnung der Tätigkeit. Hinsichtlich des Seins ist Gott als Schöpfer der Ursprung jedes einzelnen Menschen wie auch der menschlichen Gemeinschaften. Vater und Mutter sind „Urheber" ihrer

Kinder, insofern die Kinder ihr Leben von den Eltern empfangen. Wer aber sein Leben, sein Sein, von einem anderen empfängt, ist diesem notwendigerweise untergeordnet und ihm gegenüber zum Gehorsam verpflichtet. Alle Geschöpfe sind deshalb Gott untergeordnet und ihm gegenüber zum Gehorsam verpflichtet und alle Kinder sind ihren Eltern untergeordnet und zum Gehorsam verpflichtet. Dieses schlichte und leicht einsehbare naturrechtliche Prinzip, daß alles, was seinen Ursprung in einem anderen hat, diesem von untergeordnet und gehorsampflichtig ist, wird heute allseits bestritten. Man bestreitet, daß aus Ursprungsbeziehungen irgendwelche Verpflichtungen folgen, weil man behauptet, alle Verpflichtungen kämen ausschließlich durch freiwillige Vereinbarung zwischen freien Personen zustande. Man kann dies aber nur dann bestreiten, wenn man davon überzeugt ist, daß es überhaupt keine natürliche Ordnung gibt, daß es nichts gibt, was von sich aus gegeben und vorgegeben ist, daß es keinerlei Wesensbestimmungen und Wesensbeziehungen gibt, kurz, daß es nichts Allgemeines gibt.

Wie widersinnig eine solche Auffassung ist, läßt sich leicht nachweisen. Nehmen wir einmal an, alle Eigenschaften die dem Menschen zukommen, seien nur ihm allein zukommende individuelle Eigenschaften. Alles Allgemeine wie das Wesen des Menschen, das allen Menschen gemeinsam zukommt, oder die Ordnungsbeziehungen zwischen Menschen, seien nur durch unseren Geist, durch unser Begriffsvermögen in die Wirklichkeit hineingelegt worden, bestünden aber nicht an sich. Nun kann man aber nicht bezweifeln, daß es doch gewisse Ähnlichkeiten zwischen den Menschen gibt und daß diese Ähnlichkeiten nicht von uns erfunden wurden, sondern tatsächlich auch unabhängig von uns bestehen müssen. Ähnlichkeit ist aber eine Beziehung, die zwischen vielen Dingen besteht. Ähnlichkeit besteht zwischen zwei Schuhen dahingehend, daß es Schuhe sind, oder zwischen zwei verschiedenen Blautönen, die sich darin ähneln, daß sie blau sind. Ähnlichkeit ist somit etwas Allgemeines, etwas, das verschiedenen Einzelnen gemeinsam zukommt. Also gibt es doch etwas Allgemeines und die genannte Auffassung ist widerlegt. Man könnte hier noch einwenden, daß Ähnlichkeit nur durch unseren Geist festgestellt wird, indem verschiedene Dinge miteinander verglichen werden und man so zu der Feststellung kommt, daß sie ähnlich sind. Doch dieser Einwand wird schnell hinfällig, wenn man bedenkt, daß ein solches Vergleichen nur dann möglich ist, wenn man schon zuvor Ähnlichkeit kennt. Wie soll man feststellen, daß zwei Dinge einander ähnlich sind, wenn man gar nicht weiß, was

Ähnlichkeit ist? Ähnlichkeit muß folglich etwas sein, was den Dingen selbst bzw. der Beziehung zwischen Dingen zukommt. Der letzte Ausweg, der noch bleibt, besteht darin, Ähnlichkeit und alle anderen Allgemeinbestimmungen, wie die Wesenheiten, in den menschlichen Geist zu verlegen und als „eingeborene Ideen" zu bezeichnen. Dies ist aber nur ein schwacher Ausweg, weil man das Problem nur aus der Realität in die Ideenwelt verlegt. Zumindest der menschliche Geist muß dann einer Ordnung unterliegen, die vorgegeben ist und nicht von ihm selbst gemacht wurde und damit gilt dann auch das genannte naturrechtliche Prinzip, daß aus Ursprungsbeziehungen bestimmte Verpflichtungen denjenigen gegenüber folgen, die der Ursprung von etwas anderem sind.

Fassen wir noch einmal das Wichtigste zusammen. Autorität entspringt nicht einer wie auch immer gearteten Vereinbarung zwischen Menschen, sondern folgt aus der Natur des Menschen und der menschlichen Gemeinschaften. Keine Gemeinschaft kann ohne Autorität bestehen. Da der Mensch ein Gemeinschaftswesen ist, ergibt sich für ihn die Verpflichtung, und zwar die notwendige Verpflichtung, die Autorität anzuerkennen, d.h. dem die Autorität ausübenden Personen gegenüber gehorsam zu sein.

Autorität selbst ist der Vorrang des einen über den anderen, wobei dieser Vorrang mit dem Recht verbunden ist, die Gemeinschaft zu leiten, d.h. Macht gegenüber den Gemeinschaftsgliedern auszuüben. Dieses Recht ergibt sich, wie bei jedem Recht, aus einer Verpflichtung. Die Pflicht der Autorität besteht darin, alles zu tun, um das Gemeinwohl der jeweiligen Gemeinschaft zu verwirklichen. Aus dieser Verpflichtung der Autoritätsperson zur Erhaltung und zum Ausbau des Gemeingutes ergibt sich ihr Vorrang, der ein Vorrang der Macht ist. Sie hat das Recht und die Macht, das zu tun, was zum Besten der Gemeinschaft erforderlich ist und was sie dazu als notwendig erachtet. So wird deutlich, daß die autoritäre Gewalt letztlich im Guten gründet, sich aus dem Guten herleitet. Und da Gott der absolut Gute ist, gründet alle menschliche Gewalt, alle Autorität, in Gott selbst.

Das Gute, das Gemeinwohl ist nicht notwendigerweise dasjenige, was die Mehrheit einer Gemeinschaft dafür hält. Deshalb hat die Autorität auch nicht zuerst die Mehrheitsmeinung zu beachten, wenn sie Anordnungen gibt und ihre Macht ausübt, sondern allein das Gemeinwohl. Beim Blick auf das heutige politische Geschehen hat man nicht selten den Eindruck, daß dem Politiker weniger das Gemeinwohl als vielmehr seine Wiederwahl am Herzen liegt, und er sich deshalb stets nach der Mehrheit richtet oder nach der Meinung einflußreicher Gruppen und Verbände, die für ihn von Vorteil sind. Selbst wenn ein solches Verhalten zumindest an Machtmißbrauch grenzt, so befreit dies die Mitglieder der Gemeinschaft keineswegs vom Gehorsam. Die Befugnisse der Autorität sind zwar begrenzt insofern sie ihre Grenze am Gemeinwohl, d.i. am Guten, finden, gleichwohl endet die Gehorsamspflicht nur dann, wenn die Autorität etwas gebietet, was in sich schlecht und damit gegen den Willen Gottes gerichtet ist. Dies folgt logisch aus dem Prinzip, daß alle Macht und Autorität nur und ausschließlich zum Guten verliehen ist. Ungehorsam und Widerstand ist nicht nur erlaubt, sondern sogar geboten, wenn eine Autorität, gleichgültig in welcher Gemeinschaft, in sich Schlechtes gebietet, wie heutzutage die Freigabe von Sterbehilfe und Abtreibung. Zu derartigen Anordnungen hat nämlich keine menschliche Autorität das Recht.

Eine nicht unwichtige Frage ist die, welche Handlungen der Autorität unterstehen. Hier lehrt die katholische Soziallehre mit äußerster Entschiedenheit, daß ausschließlich äußere Handlungen, die der Aufgabe der jeweiligen Gemeinschaft entsprechen und für das Gemeinwohl bedeutsam sind, von einer Autorität gefordert werden können und dem Gehorsam der Mitglieder unterliegen. Totalitäre Systeme wie der linke (Kommunismus) und der rechte Sozialismus (Nationalsozialismus) betreiben stets eine Machtpolitik, die zugleich eine ideologische Gleichschaltung anstrebt und mit Gesinnungsschnüffelei bis in den privatesten Bereich hinein verbunden ist. Der moderne liberalistische Staat scheint sich im vergangenen Jahrzehnt ebenfalls in diese Richtung zu entwickeln. Mehr und mehr werden Personen vom öffentlichen Leben und von Positionen in Staat und Gesellschaft ausgeschlossen, ignoriert und übergangen, die sich dem herrschenden politischen und gesellschaftlichen *Mainstream* nicht unterordnen oder anpassen (Stichwort: political correctness). Bekanntestes Beispiel, aber durchaus kein Einzelfall, ist die Verhinderung der Wahl des katholischen Politikers Rocco Buttiglione zum EU Kommissar. Die Ablehnung seiner Wahl hatte ausschließlich ideologische Gründe und sie wurde auch fast ausschließlich ideologisch mit seiner katholischen Auffassung zu Abtreibung und Homosexualität begründet. Ein weiteres Beispiel sind die Versuche des Europarats, dem 47 europäische Länder angehören, in allen Mitgliedsländern den Unterricht an Schulen über den Kreationismus und die *Intelligent-Design*-Theorie der Weltentstehung zu verbieten. Das Dokument 11297 vom 8.

Juni 2007 trägt den Titel „Die Gefahren des Kreationismus in der Erziehung“ und hat bisher erstaunlicherweise kaum Beachtung in der Öffentlichkeit gefunden, obwohl es gewaltsam „die Lehre von der Evolution durch natürliche Auswahl als eine fundamentale wissenschaftliche Theorie“ für alle Schulen in Europa verbindlich durchsetzen will. Derartige Verhaltensweisen, die weiter zunehmen werden, untergraben die Autorität jeder Gemeinschaft, weil sie naturrechtswidrig sind und einen schweren Machtmißbrauch darstellen.

Angesichts dieser und zahlreicher anderer Verhaltensweisen von Seiten der Autorität ist es durchaus nicht erstaunlich, daß die Autorität in Staat und Gesellschaft immer weniger anerkannt und respektiert wird. Der beklagenswerte Autoritätsverlust ist ja keineswegs einseitig durch die Untergebenen einer Gemeinschaft verursacht, sondern wird durch Autoritätsmißbrauch ebenso gefördert.

Die Untergebenen schulden der Autorität Achtung und Gehorsam und zwar unabhängig von persönlichen Vorlieben und Sympathien. Die Begründung zu diesem Grundsatz der katholischen Soziallehre gibt Papst Leo XIII. mit direktem Bezug zur göttlichen Offenbarung: „Außerdem ist es zweifellos eine strenge Pflicht, der Autorität die schuldige Ehrfurcht zu bezeigen und sich den gerechten Gesetzen in Gehorsam zu unterwerfen: so werden die guten Bürger vermittels der Macht und Wachsamkeit bei Ausübung der Gesetze vor Ungerechtigkeiten von Seiten der Übeltäter geschützt. Die rechtmäßige Gewalt stammt von Gott, und wer der Gewalt widersteht, widersteht dem Willen Gottes (Röm 13,2); auf diese Weise erhält der Gehorsam eine ganz erhabene Würde, da er der gerechtesten und höchsten Autorität geleistet wird.“ (Libertas praestantissimum, M 100).

Zu Achtung und Gehorsam gegenüber der rechtmäßigen Autorität sind die Untergebenen unabhängig vom Ansehen der Autoritätsperson verpflichtet, weil die rechtmäßige Autorität ihren Ursprung in Gott hat und insofern Gehorsam gegenüber Gott bedeutet. Eine rechtmäßige Anordnung, unabhängig davon, welche Autoritätsperson diese gibt, ob sie moralisch hochstehend oder schlecht ist, ob sie mir bekannt oder unbekannt ist, ist eine Anordnung Gottes und fordert daher den Respekt und die Achtung, die Anordnungen Gottes gebühren. Ein Polizeibeamter, der mich wegen einer Geschwindigkeitsübertretung anhält und ein Strafgeld fordert, hat den Anspruch auf Achtung und Respekt nicht nur aufgrund seiner personalen

Würde, sondern darüber hinaus aufgrund seiner Autorität, selbst dann, wenn mir seine unmoralischen persönlichen Lebensverhältnisse bekannt sein sollten. Dies schließt die selbstverständlichen Zeichen des Respekts, wie die Art der Anrede, Höflichkeit, Ehrlichkeit usw. ein.

Die Pflicht zum Gehorsam gegenüber Vorgesetzten und Autoritätspersonen ergibt sich aber nicht nur für Christen, wenn diese auch zweifellos in einem höheren Maße durch die Offenbarung dazu verpflichtet sind, sondern bereits aus dem Naturrecht und ist insofern für alle Menschen verbindlich. Die Gehorsamspflicht folgt aus der Natur der Autorität, die darin besteht und dadurch ihre Macht hat, daß sie im Dienste des Guten, im Dienste des Gemeinwohls wirkt. So verstößt der Ungehorsam und die Mißachtung von Autoritätspersonen direkt gegen die Naturordnung und die menschliche Gemeinschaft.

Auf der anderen Seite ist die Autorität verpflichtet, ihren Aufgaben für das Gemeinwohl nachzukommen und ihre Macht auszuüben. Nachlässigkeit in der Amtsausübung, Wegsehen bei Verstößen gegen Anordnungen und Gesetze, wie der inzwischen durchgängig akzeptierte Besitz von Drogen aller Art in kleineren Mengen zum persönlichen Konsum, Nichtahndung von Verstößen gegen Anordnungen und Maßnahmen von Lehrern gegenüber ihren Schülern oder von Eltern gegenüber ihren Kindern, untergraben in erheblichem Ausmaß die Autorität und sind damit ebenso Verstöße gegen das Gemeinwohl und die natürliche Ordnung der Gesellschaft. Die nächsthöhere Autorität wäre um des Wohles der Gemeinschaft willen verpflichtet, solche Verhaltensweisen zu ahnden. Statt dessen werden derartige Verstöße zugelassen, toleriert und häufig sogar angeordnet. Die Folgen davon sind der oben beklagte schwere Autoritätsverlust, der zur Anarchie führen muß. Hinzu kommen Gesetze, die eine Rechtwidrigkeit wie die Tötung ungeborener Kinder im Mutterleib feststellen, diese aber nicht ahnden.

Wir haben uns bei der Definition der Autorität etwas länger aufgehalten, weil diese in den modernen Staaten oft in massiver Weise untergraben und von zahlreichen Personen geleugnet wird. Dies hängt zweifellos mit der zuvor erwähnten Tendenz zur Individualisierung moderner postindustrieller und liberaler Gesellschaften zusammen. Ohne eine starke Autorität kann aber auch ein echter demokratischer Staat, der diesen Namen verdient, nicht bestehen.

Vom Beginn dieser Studie an wurde der Begriff Gemeinwohl bzw. Gesamtgemeinwohl immer wieder genannt, ohne daß er ausdrücklich definiert wurde. Zwar haben wir in einem vorherigen Abschnitt dieses Kapitels den Sinn des Wortes zu erläutern versucht, das Wort selbst jedoch noch nicht definiert. Dies soll jetzt geschehen.

GW „Gesamtgemeinwohl" = x ist das Gesamtgemeinwohl genau dann, wenn x die Gesamtheit der Bedingungen ist, durch die der Möglichkeit nach alle Glieder eines Staates frei und selbständig ihr irdischen Glück erreichen können.

Zu betonen ist in dieser Definition, daß, wie schon früher gesagt wurde, das Gesamtgemeinwohl nicht primär in der Bereitstellung bestimmter Güter besteht – dies ist die Aufgabe der Gliedgemeinschaften –, sondern in der Bereitstellung der *Gesamtheit der Bedingungen*, damit z.B. die Gliedgemeinschaften Güter zur Verfügung stellen können, um dadurch den Bedarf der Menschen innerhalb eines Staates zu decken. Es handelt sich aber nicht nur um die Bereitstellung einzelner Bedingungen sondern der Gesamtheit, d.h. aller Bedingungen, die für das irdische Glück der Menschen erforderlich sind.

Weiterhin kann der Staat in der Sorge um das Gesamtgemeinwohl auch nicht garantieren, daß alle Glieder des Staates frei und selbständig ihr irdischen Glück tatsächlich erreichen. Das Gesamtgemeinwohl ist die Gesamtheit der Bedingungen, durch die die Glieder der Gemeinschaft in die Lage versetzt werden, die *Möglichkeit* zu erhalten, frei und selbständig ihr irdisches Ziel zu erreichen. Der Staat kann und soll den Gliedgesellschaften und den Einzelnen keineswegs die Sorge um ihr irdischen Glück abnehmen. Er soll sie nur in die Lage versetzen, dieses Ziel bzw. diese Ziele *selbständig* zu erreichen. Schon die Definition enthält im Hintergrund die Notwendigkeit des *Subsidiaritätsprinzips*, wonach der Staat, der für das Gesamtgemeinwohl oder das Allgemeinwohl (beide Worten werden von uns synonym verwendet) zuständig ist, den Gliedern keine Aufgaben abnehmen darf, die diese Glieder aus eigener Kraft zu erledigen in der Lage sind.

Da bereits zuvor im Kapitel 2 einiges über das Gemeinwohl gesagt wurde, können wir es mit diesen Hinweisen und Erläuterungen zu unserer Definition an dieser Stelle bewenden lassen.

Wir kommen damit vom Bereich des Staates zu dem der Gesellschaft, zu der die Berufsgemeinschaft gehört und auf die sich die Ordnung der wirtschaftlichen und sozialen Selbstverwaltung bezieht. Diese ist mit jeder staatlichen Ordnung vereinbar, sofern man an der Unterscheidung zwischen Staat und Gesellschaft festhält.

Beginnen wir mit der näheren Bestimmung dessen, was die Gesellschaft ist.

GS „Gesellschaft“ = x ist eine Gesellschaft genau dann, wenn x eine dauernde Verbindung von Menschen ist, die durch die Hinordnung auf bestimmte Güter miteinander verbunden sind.

Die in der Soziologie übliche Unterscheidung zwischen Gesellschaft und Gemeinschaft, die durchaus ihre Berechtigung hat, ist für unsere Zwecke und an dieser Stelle nicht von Bedeutung. Deshalb können wir die gleiche Definition auch auf die Gemeinschaft anwenden. Die für eine Gesellschaft bzw. die Gemeinschaft wesentlichen Eigenschaften sind also die dauerhafte Verbindung von Menschen und dasjenige, wodurch diese dauernde Verbindung besteht. Diese dauerhafte Verbindung ist eine Relation, eine Beziehung, durch die die Glieder der Gesellschaft miteinander verbunden und aufeinander hingeordnet sind. Die Beziehung besteht in den Gütern. Diese Güter können von der verschiedensten Art sein, aber es müssen Güter im wörtlichen Sinne sein, d.h. sie müssen ein wirkliches Gut darstellen. Dies ist dadurch gegeben, daß sie einen Beitrag zum Gemeinwohl leisten. Gesellschaften gibt es in allen Bereichen des menschlichen Zusammenlebens, im Bereich der Kultur, des Sozialen, der Arbeit und der Freizeit.

Häufig wird auch von „der Gesellschaft“ gesprochen, z.B. wenn man von „der modernen Gesellschaft“ spricht, womit man sich im allgemeinen auf so etwas wie eine „Gesamtgesellschaft“ bezieht. Im eigentlichen Sinne ist hier allerdings die Rede von „Gesellschaft“ unangemessen. Gemeint ist eher die moderne Kultur oder ähnliches, vielleicht auch das Staatsvolk. Eine Gesellschaft besteht häufig aus zahlreichen Gliedgemeinschaften, die in sich selbst wieder gegliedert sein können. Eine Gliedgemeinschaft ist Teil einer umfassenderen Gemeinschaft. Die Definition wurde bereits im vorhergehenden Abschnitt als Definition GL gegeben.

Die Bedeutung von GL wird erst verständlich, wenn wir zum eigentlichen Gegenstand unserer Untersuchung zurückkehren: der sozialen Demokratie bzw. der sozialen und kulturellen Selbstverwaltung. Für dieses gesellschaftliche Modell ist das grundlegende Prinzip die *Subsidiarität*, das wir später ausführlich erläutern werden. In diesem Zusammenhang spielt dann die Unterscheidung zwischen den verschiedenen gesellschaftlichen Stufen, den unteren Gliedgesellschaften, der mittleren Ebene und den höheren Stufen einer Gesellschaft eine zentrale Rolle. Die Gliedgemeinschaft ist immer, wie ihr Name schon nahelegt, Teil einer umfassenderen Gemeinschaft. Beide gesellschaftliche Stufen sind darin gleich, daß es Gesellschaften sind; sie unterscheiden sich dadurch, daß die Güter der Gliedgemeinschaft Teil der Güter der umfassenderen Gemeinschaft sind. So trägt jedes Wirtschaftsunternehmen einer bestimmten Branche zum Gemeinwohl der Branche bei, indem es Güter (Waren oder Dienstleistungen) der gleichen Art liefert und damit zur Bedarfsdeckung im Rahmen des Gesamtgemeinwohls beiträgt. Die Mitarbeiter eines Unternehmens bilden unabhängig von ihrer Stellung im Unternehmen eine echte Gemeinschaft, da sie dauerhaft miteinander verbunden sind, um bestimmte Güter für das Gemeinwohl zur Verfügung zu stellen. Das einzelne Unternehmen als echte Gemeinschaft ist aber Glied innerhalb der Berufsgemeinschaft all derer, die innerhalb einer bestimmten Region, eines Landes oder innerhalb einer über die Landesgrenzen hinausgehenden Wirtschaftsgemeinschaft dauerhaft miteinander verbunden sind in der Bereitstellung der dieser Berufsgemeinschaft eigentümlichen Güter.

Durch die bisherigen Definitionen und das zuletzt verwendete Wort der Berufsgemeinschaft sind wir nun vorbereitet, um die beiden für den Fortgang der Studie wesentlichen Worte des „Berufes" und der „Berufsgemeinschaft" zu definieren. In unserem Zusammenhang habe beide Worte eine vom üblichen Wortgebrauch etwas abweichende Bedeutung.

BR „Beruf"= x ist ein Beruf genau dann, wenn x eine von einem Einzelnen zur Erfüllung der persönlichen und gesellschaftlichen Lebensaufgabe getane Arbeit ist.

Die Definition sagt, daß der Beruf eine von einer einzelnen Person getane Arbeit ist. Diese Arbeit hat den Zweck, zur Erfüllung sowohl der persönlichen als auch der gesellschaftlichen Lebensaufgabe dieses Einzelnen beizutragen. Beide genannten Zwecke, die Erfüllung der persönlichen und der gesellschaftlichen Lebensaufgabe, sind im Beruf miteinander verbunden und nur wenn beide Zwecke erfüllt sind, kann von einem Beruf gesprochen werden. Irgendeine Tätigkeit, die allein zur Erfüllung der persönlichen Lebensaufgabe dient, ist kein Beruf. Aber jede Tätigkeit, die beide Zwecke erfüllt, ist auch dann ein Beruf im Sinne der Definition, wenn sie im gewöhnlichen Sprachgebrauch als „angelernte Arbeit" oder „Job", oder wie auch immer bezeichnet wird. Im allgemeinen erfüllt jede Arbeit, die innerhalb eines wirtschaftlichen, sozialen oder kulturellen Betriebs ausgeführt wird, das, was mit einem Beruf gemeint ist. Es ist sehr zu bedauern, daß der liberale Kapitalismus und die liberale Gesellschaft insgesamt die soziale Dimension der Arbeit mehr und mehr ausgeblendet haben, auch wenn sie in Sonntagsreden und bei anderen nichtssagenden Anlässen immer wieder beschworen wird. Denn der liberale Individualismus kann nicht wirklich sagen, worin diese soziale Dimension der Arbeit besteht, wenn es sich nicht gerade um Krankenpflege und Sozialarbeit handelt. Deshalb hat der Individualismus auch mehr und mehr dazu geführt, daß der Einzelne den Sinn seiner Arbeit in erster Linie, wenn nicht sogar ausschließlich, in der Befriedigung seiner eigenen, persönlichen Bedürfnisse und Wünsche erkennt. Die Folgen einer solchen Haltung sind der Kampf jeder gegen jeden, das weitverbreitete Mobbing und das oftmals völlige Fehlen der Zugehörigkeit der persönlichen Arbeit zu einer Berufsgemeinschaft im Dienste des Gemeinwohls. Die Grundlage des liberalen Kapitalismus ist die Konkurrenz des wirtschaftlichen Kampfes „jeder gegen jeden", wobei sich von selbst der Bessere durchsetzen soll und durch das Eigeninteresse jedes Einzelnen es zu einem Ausgleich der Interessen kommt, von dem am Ende alle profitieren sollen. Daß dies nicht ganz ohne staatliche Eingriffe funktioniert, hat selbst der Neoliberalismus verstanden, doch müssen diese Eingriffe kleingehalten werden. Die sogenannte soziale Marktwirtschaft ändert nichts an dieser grundsätzlich individualistischen Orientierung, die den Einzelnen und seine Interessen als das primäre Subjekt der Wirtschaft und Gesellschaft betrachtet.

Gegen diesen Individualismus und zugleich gegen sein Gegenteil, den Sozialismus, der die Gesellschaft über alles stellt und die berechtigten Interessen des Einzelnen denen der Gesellschaft unterordnet, hat die katholische Soziallehre schon in der zweiten Hälfte des 19. Jahrhunderts die Lehre von der berufsständischen Ordnung gestellt. Auf dieser Lehre aufzubauen um sie für das 21. Jahrhundert fruchtbar zu machen ist die Aufgabe dieses Buches. Statt von berufsständischer Ordnung sprechen wir von der Berufsgemeinschaft als der Grundlage einer gesellschaftlichen Ordnung der wirtschaftlichen und sozialen Selbstverwaltung, kurz der sozialen Demokratie. Das Wort „Demokratie“ hat in diesem Zusammenhang keine politische Bedeutung und bezieht sich nicht auf eine bestimmte Herrschafts- oder Regierungsform, sondern setzt an der Basis an, bezieht sich auf die Gesellschaft und ist deshalb auch mit anderen Herrschaftsformen als der Demokratie durchaus vereinbar. Deshalb ist die soziale Demokratie auch für Länder geeignet, die nicht bereit sind, die westliche Form der liberalen Demokratie anzunehmen, weil sie der Kultur und Tradition dieser Länder widerspricht. Man kann aber durchaus sagen, daß die soziale Demokratie, d.i. die soziale und wirtschaftliche Selbstverwaltung, die eigentliche Form von Demokratie bedeutet, die für die Menschen eine entscheidende und größere Bedeutung hat als alle vier Jahre ein Kreuz auf einem Wahlzettel hinter bestimmten Parteinamen zu machen. Jede soziale Demokratie ist den Menschen unendlich demokratischer als die liberalste demokratische Verfassung eines Landes. Umgekehrt wäre eine Gesellschaft, in der das Modell der sozialen Demokratie verwirklicht ist, selbst dann erheblich freier und „demokratischer“, wenn der Staat autoritär oder monarchistisch regiert würde. Der heutige liberale Begriff der Demokratie, die parlamentarische Demokratie westlicher Prägung, ist im Vergleich zur sozialen Demokratie bestenfalls ein Phrase.

Die Grundlage der sozialen Demokratie ist die Berufsgemeinschaft, die bereits zuvor im Abschnitt 2.4 definiert wurde. Als Beispiel einer modernen Berufsgemeinschaft, obgleich sie bisher noch nicht als solche organisiert ist, möge die Softwarebranche in Deutschland dienen. Es gibt zahlreiche Softwareunternehmen von sehr verschiedener Größe, in unterschiedlichen Regionen Deutschlands, angefangen von Betrieben mit einigen wenigen Mitarbeitern bis hin zu global und international tätigen Betrieben wie die Software AG oder SAP. Der Betrieb bzw. die Betriebsangehörigen bilden die unterste Ebene der Berufsgemeinschaft. Alle Angehörigen der verschiedenen Softwarebetriebe Deutschlands bilden die „Berufsgemeinschaft Software“, die in einer „Bundeskammer Software Industrie“ und über Landeskammern organisiert sind. Die wesentlichen Aufgaben der Selbstverwaltung ohne staatliche Eingriffe werden von bestimmten Ausschüssen der Kammern geleistet, die vorwiegend ehrenamtlich und streng paritätisch besetzt sind. Sämtliche Aufgaben, die zum Bereich der Berufsgemeinschaft gehören, einschließlich der Regelung der sozialen Aufgaben, werden in

Selbstverwaltung durch die Berufsgemeinschaft bzw. deren Ausschüsse erledigt. Wie dies im einzelnen aussieht, werden wir an entsprechender Stelle ausführlich erläutern. Die Mitwirkung aller Beteiligten geht hier ganz erheblich über das hinaus, was die parlamentarische Demokratie unter „Demokratie“ versteht. Es geht hier um echte Mitarbeit der Mitglieder einer Berufsgemeinschaft an allen sie betreffenden Angelegenheiten, für die eine Ausrichtung aller auf das Gemeinwohl von entscheidender Bedeutung ist. Selbstverständlich setzt dies eine klare Umorientierung voraus; mit einer liberal-individualistischen Haltung ist eine solche Berufsgemeinschaft nicht zu realisieren. Sowohl der Einzelne als auch das Einzelunternehmen muß unter Umständen im Interesse des Gemeinwohls seine eigenen Interessen zurückstellen. Dies geht zumindest am Anfang nicht ohne klare formale Richtlinien, die zunächst beim Aufbau der Berufsgemeinschaften von Seiten staatlicher Gesetze vorgegeben werden können. Je mehr allerdings alle Beteiligten zu der Einsicht gelangen, daß eine berufsgemeinschaftliche Zusammenarbeit erheblich mehr Vorteile als Nachteile mit sich bringt, werden die Unternehmen – insbesondere die kleinen und mittelständischen Betriebe – von selbst den Auf- und Ausbau der Berufsgemeinschaft vorantreiben.

Der dritte Weg zwischen sozialistischer Planwirtschaft und liberal-individualistischer Konkurrenzwirtschaft läßt sich zum Abschluß dieses Abschnitts wie folgt zusammenfassen: Der Fehler des Liberalismus ist die Annahme, daß allein der freie Wettbewerb des Marktes von selbst eine geordnete Sozialwirtschaft schaffen wird. Der Fehler des Sozialismus ist hingegen die Annahme, daß durch die staatliche Regulierung allein eine geordnete Sozialwirtschaft möglich ist. Richtig an der Idee der liberalen Marktwirtschaft ist die Einsicht, daß der Wettbewerb eine herausragende Bedeutung für die Ordnung der Wirtschaft hat. Richtig an der Idee des Sozialismus ist, daß der Wettbewerb einer ordnenden Kontrolle und Lenkung bedarf. Das Richtige aus beiden Ansätzen zusammenfassend und das Falsche vermeidend, faßt Johannes Messner die soziale Demokratie wie folgt zusammen: „der *Wettbewerb* ist *Ordnungsprinzip* der Sozialwirtschaft, er bedarf aber selber zur Sicherstellung seiner Funktionsfähigkeit der *ordnenden Kontrolle* (dies gegenüber der klassischen Theorie); diese Kontrolle kann aber nicht ‚staatlicher‘, sondern muß ‚gesellschaftlicher‘ Art sein (dies gegenüber der sozialistischen Theorie)“ (J. Messner 1950, 790).

Im folgenden Abschnitt sollen einige Worte zu dem Einwand vorgebracht werden, das Modell der berufsgemeinschaftlichen Selbstverwaltung sei doch letztlich nichts anderes als der „Ständestaat“, wie er in den dreißiger und vierziger Jahren des 20. Jahrhunderts in verschiedenen Ländern – beispielhaft sei hier besonders das faschistische Italien genannt – bestanden hat. Durch den Hinweis auf den Faschismus glaubt man sich dann jeder weiteren Diskussion und Auseinandersetzung enthoben, denn die Theorie der sozialen Demokratie kann so als „rechtsradikal“ abgestempelt werden; eine recht beliebte Methode, insbesondere in Deutschland, um jede unangenehme Position mundtot zu machen. Soviel sei aber gleich gesagt: Nichts ist falscher als die soziale Demokratie mit dem faschistischen Ständestaat in Verbindung zu bringen.

1.6 „Ständestaat“ und soziale Demokratie

Als einer der ersten hat Johannes Messner der Ausdruck „berufsständische Ordnung“ nach dem zweiten Weltkrieg nicht mehr verwendet. Er begründet dies folgendermaßen: „er hat den Nachteil, daß er die beiden anderen Ordnungsprinzipien nicht zugleich hervorhebt, daß er daher auch nicht unmittelbar anschaulich den liberalistischen und sozialistischen Systembegriffen zu begegnen vermag; er hat außerdem den Nachteil, daß vielen der berufsständische Gedanke durch faschistische und ständestaatliche Ideologie in Mißkredit gebracht erscheint. Wir selbst haben uns zum Ausdruck *soziale Demokratie* entschlossen, weil er gleicherweise auf die individuelle Freiheit, staatliche Ordnungsaufgabe und berufsgemeinschaftliche Selbstverwaltung hinweist, dazu die heute allgemein geforderte Erstreckung der Demokratie aus dem Politischen ins Soziale hinein hervorhebt, andererseits aber einen Parallelismus mit dem Namen der ideologisch vorgefaßten Sozial- und Wirtschaftssysteme, die mit den naturrechtlichen Prinzipien unvereinbar sind, vermeidet.“ (Johannes Messner, 1950, 788ff.)

Der Ständestaat, wie er vor allem in Italien, teilweise jedoch auch im Dritten. Reich (Stichwort: „Reichsstände“) oder, wenn auch in anderer Weise, in Spanien verwirklicht wurde, steht im klaren Widerspruch zur katholischen Soziallehre und zum Naturrecht. Während die berufsständische Ordnung im Sinne der Enzyklika *Quadragesimo anno* von Pius XI. diese Ordnung gewissermaßen aus dem universell gültigen Subsidiaritätsprinzip ableitet, verstößt der Ständestaat gerade gegen dieses Prinzip und kann sich folglich schon allein deshalb nicht auf die katholische Soziallehre berufen.

Der Ständestaat ist im wesentlichen eine Gliederung des Staatsvolks in Verwaltungskörpern nach Berufen (in einem weit verstandenen Sinne), bei der diesen Verwaltungskörperschaften von Seiten des Staates Aufgaben zugewiesen werden, um auf diese Weise die Wirtschaft möglichst total unter Kontrolle zu bringen, ohne, wie der real existierende Sozialismus, die Wirtschaft direkt zu verstaatlichen. Der Ständestaat lehnt gerade die Selbstverwaltung der Berufstände entschieden ab und lenkt diese statt dessen selbst. Zudem wird in bestimmten Theorien des Ständestaates (Spann) der Staat selbst als Stand verstanden, womit klar gegen das zuvor erläuterte Verhältnis von Staat und Gesellschaft verstoßen wird.

Der Sinn der historisch aufgetretenen Ständestaaten bestand primär darin, die gesamte Wirtschaft auf den Krieg auszurichten, wozu eine staatliche Planung, Organisation und Gleichschaltung erforderlich war, was im allgemeinen mit der Unterbindung des Wettbewerbs verbunden war, ganz im Gegensatz zur Idee der berufsständischen Ordnung, wie sie auf der Grundlage der genannten Enzyklika von verschiedenen katholischen Sozialphilosophen, Sozialethikern und Sozialwissenschaftlern entwickelt wurde. Der Zweck der berufsständischen Ordnung war hingegen immer die Verwirklichung des Gemeinwohls, dem eine weitgehende Kriegswirtschaft zweifellos völlig entgegengesetzt ist.

Die berufsständische Ordnung ist ihrem eigentlichen Wesen nach im echten Sinne demokratisch und unterscheidet sich auch dadurch von der liberalen, bloß formalen Demokratie. Die formale Demokratie des Liberalismus leidet unter einem engen und verkürzten Freiheitsverständnis. Freiheit wird im wesentlichen als Autonomie verstanden (vgl. z.B. Immanuel Kant), die sich in „freier Meinungsäußerung“, der Organisationsfreiheit und Gleichheit bei Wahlen und in anderen Bereichen äußert. Insbesondere durch den Autonomiegedanken löst der Liberalismus die Freiheit aus allen Bindungen, in die der Mensch ursprünglich und naturgegeben eingebunden ist und betrachtet jede Bindung sowie jedes Gesetz als Beschränkung der individuellen Freiheit. So ist es dem Liberalismus völlig unmöglich, Freiheit mit echter Gerechtigkeit und Wahrheit zu verbinden. Daß dieser liberale Freiheitsbegriff keineswegs gegen den Totalitarismus gewappnet ist, zeigt nicht nur die Geschichte des 20. Jahrhunderts, in der totalitäre Regime aus freien Wahlen hervorgegangen sind, sondern insbesondere die Gegenwart, in der einerseits unter dem wohlklingenden Begriff der „wehrhaften Demokratie“ zunehmend liberale Freiheitsrechte abgeschafft oder eingeschränkt werden und andererseits durch immer weitergehende Gleichschaltung eine Ideologie sich durchsetzt, die mit Begriffen wie „*political correctness*“ und „*mainstream*“ eher verharmlosend bezeichnet wird. Besonders durch die Entwicklung der Europäischen Union zu einer politischen Einheit werden selbst die in allen Sonntagsreden gepredigten

Prinzipien der liberalen Massendemokratie mehr und mehr abgeschafft, so daß EU-Bürokraten und EU-Kommissare ohne liberaldemokratische Legitimation Gesetze verabschieden, die anschließend nur noch von den nationalen Parlamenten abgehakt werden können.

Eine echte Reform der Demokratie stellt demgegenüber die soziale Demokratie dar. Freiheit ohne oder unabhängig von Wahrheit und Gerechtigkeit ist keine wirkliche Freiheit. Es ist die feste Überzeugung der Naturrechtslehre, „daß Wahrheit und Gerechtigkeit an sich schon, wenn sie dem Menschen gehörig nahegebracht werden, an die tiefsten Triebe seiner eigenen Natur appellieren“ (Johannes Messner, 1950, 512). Die soziale Demokratie, in die der Einzelne nicht als bloßes Individuum neben anderen Individuen steht, in der er vielmehr unmittelbar in Verbindung mit seinen Nächsten, mit Kollegen, Mitarbeitern, Vorgesetzten usw. am Aufbau der Gesellschaft und so am Gemeinwohl direkt und aktiv mitwirkt, betrifft ihn viel unmittelbarer als alle formaldemokratischen Oberflächlichkeiten und ist deshalb auch dann für den Einzelnen und die Gemeinschaft mit weit größerer Freiheit verbunden, wenn statt einer formalen Demokratie eine Monarchie oder ein autoritärer Staat bestehen würde. Die Gefahr der Demokratie besteht nicht in autoritär staatlichen sondern in totalitären Strukturen, die sich durchaus mit einer formalen Demokratie vereinbaren lassen, wie die politische Gegenwart der meisten europäischen Staaten deutlich zeigt.

Nicht die formale Demokratie sichert dem Menschen ein gutes Leben im Sinne Aristoteles', nicht der liberale Rechtsstaat als solcher verwirklicht das Gemeinwohl, als das eigentliche Ziel des Staates. Dieses Ziel kann erst durch die soziale Demokratie verwirklicht werden, die in der „Mitverantwortung und Mitwirkung aller Bürger an der Erfüllung der gesellschaftlichen Ordnungsfunktion im wirtschaftlichen und sozialen Leben“ (Ibid.) besteht. Die Mitwirkung aller am Gemeinwohl durch aktive Mitarbeit in gelebter Verantwortung für das eigene Unternehmen und die Berufsgemeinschaft, ist das Ziel der sozialen Demokratie.

Die soziale Demokratie unterscheidet sich aber auch von sozialdemokratischen Ideologien der „Wirtschaftsdemokratie“, wie sie auch in breiten Teilen der heutigen linken Gewerkschaften vertreten werden. Alle diese linken ideologischen Modelle sind nicht an wirtschaftlicher und sozialer Selbstverwaltung durch brüderliche Zusammenarbeit zwischen Arbeitnehmern und Arbeitgebern interessiert, sondern an einer „Vergesellschaftung" des Privateigentums an den Produktionsmitteln, an paritätischer Mitbestimmung in allen Betrieben und an der Einschränkung der Befugnisse der Arbeitgeber und Eigentümer an ihrem Eigentum. Demgegenüber verteidigt die soziale Demokratie mit Entschiedenheit das Naturrecht auf Privateigentum und wendet sich gegen die betriebliche Mitbestimmung, zumindest in ihrer bisherigen Form. Statt dessen beruht die soziale Demokratie auf einer berufsgemeinschaftlichen paritätischen Mitbestimmung auf verschiedenen Ebenen der Berufsgemeinschaft und in allen Angelegenheiten, die die Berufsgemeinschaft betreffen, und zwar ohne staatliche Eingriffe durch echte Selbstverwaltung. Es geht in der sozialen Demokratie nicht um demokratische Wirtschaftsführung durch die Arbeitnehmer oder den Staat, wie dies in der linken Ideologie der „Wirtschaftsdemokratie" vorgesehen ist, sondern um die Ordnung der Gesellschaft, einschließlich der Wirtschaft, die allein durch die daran Beteiligten selbst – Arbeitnehmer und Arbeitgeber – im Sinne und nach der Maßgabe des Gemeinwohls verwirklicht wird.

Wir sind schon zuvor auf einige Grundprobleme der formalen Demokratie eingegangen. Wir wenden uns damit aber nicht grundsätzlich gegen die formale Demokratie, die durchaus besonders gut mit der sozialen Demokratie verbunden werden kann und auch soll. Allerdings erscheint uns die Parteiendemokratie die am wenigsten geeignete Form der formalen Demokratie zu sein, was im folgenden und letzten Abschnitt dieses zweiten Teils kurz erläutert werden soll.

1.7 Spaltung von Staat und Gesellschaft durch Parteien. Mehrheitswahlsystem und Gemeinwohlprinzip

Der Zweck des Staates ist die Verwirklichung des Allgemeinwohls. Dieser Zweck kann von jeder Regierungsform, ob Monarchie, Aristokratie oder Demokratie gut oder schlecht oder auch gar nicht angestrebt werden, ganz abgesehen davon, daß die Vorstellungen über das, was dem Gemeinwohl entspricht und was nicht, sehr unterschiedlich sein können.

Für ein gesundes und funktionierendes Staatswesen ist aber vielleicht nichts so wichtig wie eine weitgehende Einigkeit des Staatsvolkes und seiner Regierung.

Auf der Grundlage des Naturrechts ist das Staatsvolk Träger der Staatsgewalt, wenn es auch ebenso richtig ist, daß alle Macht im Staat durch den allmächtigen Gott verliehen wird (vgl. dazu: Ottaviani, II, Nr. 257). Man kann allein in diesem Sinne sagen, die Macht gehe vom Volke aus, als dieses in der Wahl oder Ernennung den Herrscher bezeichnet, nie aber die Macht bzw. die Autorität verleiht. In einem solchen Sinne muß dann auch das Grundgesetz verstanden werden. „Die katholische Gesellschaftslehre bekennt einmütig: a) die Staatsgewalt hat ihren Ursprung in Gott, sie ist Teilnahme an Gottes Vorsehung und Weltregierung. Darum ist die absolute = uneingeschränkte Volkssouveränität schärfstens abzulehnen (J.J. Rousseau, 1712-78; Französische Revolution 1789-92); sie behauptet: ‚Alle Gewalt geht allein vom Volke aus' – ein Satz, der das Volk bzw. den ‚allgemeinen Willen' des Volkes zur einzigen Quelle und Norm der Staatsgewalt macht". (Herders Sozialkatechismus, 2. Band, 1953, 173).

Keine einzelne Person, und sei es ein regierender König, und keine einzelne Gruppe ist „der Staat". Die Regierenden, ob König, Bundeskanzler, Präsident oder Parlament, sind Organe des Staates. Da alle Macht zuletzt von Gott ausgeht, denn Gott ist allmächtig, haben die Organe des Staates ihre Macht durch Gott verliehen bekommen und zwar allein zum Zweck des Gemeinwohls, also zum Guten und damit letztlich im Dienste Gottes. Unrechtmäßig erworbene Macht, ob durch Revolution oder Staatsstreich, ist selbstverständlich keine von Gott verliehene Macht, wenn auch zutrifft, daß selbst in diesem Fall Gott den Mißbrauch der Macht zulassen muß, damit die Machthaber ihre Gewalt überhaupt ausüben können. Machtausübung, die sich direkt gegen Gott wendet, und dies bedeutet insbesondere der Verstoß der Machthaber gegen das vorstaatliche Naturrecht, ist auch dann Machtmißbrauch, wenn die Macht rechtmäßig erworben wurde. Zum Naturrecht, zum vorstaatlichen Recht, gehört das Recht der sozialen und wirtschaftlichen Selbstverwaltung, das Recht der sozialen Demokratie.

Die *politische* Demokratie, wie sie heute in den meisten Ländern Europas und Amerikas und auch darüber hinaus herrscht, ist grundsätzlich eine gute Regierungsform, die ganz dem Naturrecht entspricht, unter der Voraussetzung eines politisch und sittlich einigermaßen gebildeten Volkes. Die politische Demokratie erfordert von breiten Teilen des Staatsvolkes in der Tat eine gute politische und soziale Bildung, im Unterschied auch zur Monarchie und Aristokratie, da sie ansonsten sehr schnell entarten kann, zur „Pöbelherrschaft" wird, mit einer starken Neigung zum Totalitarismus. Die Demokratie ist darüber hinaus zweifellos die in verschiedener Hinsicht anspruchvollste und auch kostspieligste Herrschaftsform.

Der besondere Zweck der politischen Demokratie besteht in der weitgehenden Verwirklichung des Volkswillens. Dazu ist aber auch ein gebildeter Volkswille erforderlich. Dort wo große Teile der Bevölkerung eines Landes sich von kurzfristigen und egoistischen Motiven leiten lassen, wo dem Volk ein Verständnis für die Notwendigkeiten auch unangenehmer Entscheidungen fehlt und es keinen Einblick in die Angelegenheiten des Staates hat oder wo es daran auch gar nicht wirklich interessiert ist, dort ist eine demokratische Verfassung und Regierung mit erheblichen Problemen verbunden. Deshalb ist für das Funktionieren einer Demokratie eine der wichtigsten Voraussetzungen die Bildung des Volkswillens. Da man das Volk schlecht in Seminare und Bildungsveranstaltungen schicken kann und die gute politische Bildung in der Schule auch gewisse Grenzen hat, ist nichts wichtiger für die Volksbildung als eine wahrhaft gute Presse. Die Presse oder, allgemeiner gesagt, die Medien, haben in demokratischen Staaten eine kaum zu überschätzende Verantwortung und zwar nicht in erster Linie in Bezug auf die Information – obgleich auch dies von enormer Bedeutung ist – sondern noch viel mehr hinsichtlich einer guten und fundierten, zugleich aber gut verständlichen Bildung breiter Teile des Volkes. Die heutigen Medien, einschließlich der öffentlich-rechtlichen Institutionen sind davon unendlich weit entfernt.

Eines der größten Probleme und Gefahren der demokratischen Staatsverfassung ist die Zersplitterung des Volkes. Es ist allgemein bekannt, daß dies die wichtigste Ursache für den Untergang der Weimarer Demokratie war. Die Parteiendemokratie, wie sie in vielen demokratischen Staaten heute als selbstverständlich gilt, wird deshalb gewählt, weil sie die verschiedenen Gruppen und Interessen des Volkes repräsentieren soll. Doch dies ist schon im Ansatz falsch, weil insbesondere die Parteiendemokratie zur Spaltung des Volkes wesentlich beiträgt und diese vertieft. Deshalb ist die Parteiendemokratie die denkbar schlechteste Form der Demokratie, auch wenn es die heute am häufigsten vorkommende Form ist. Wer sich einen kurzen Überblick über den Zustand der deutschen sogenannten „Demokratie“ verschaffen möchte, die längst zu einer vollständig entarteten Pöberherrschaft mittelmäßiger und korrupter Parteifunktionäre geworden ist, lese das kürzlich erschiene Buch von Hans Herbert von Arnim: „Die Deutschlandakte. Was Politiker und Wirtschaftsbosse unserem Land antun“. Wer nach der Lektüre diese Buches noch Illusionen über die Parteiendemokratie in Deutschland hegt, ist ein Träumer. Es ist wirklich sehr bedauerlich, daß die osteuropäischen Staaten nach der Zerschlagung der kommunistischen Terrorherrschaft nicht aus den Erfahrungen in Westeuropa gelernt haben und statt dessen ebenfalls Parteiendemokratien in ihren Ländern etabliert haben.

Für eine gut funktionierende Demokratie ist darüber hinaus noch ein weiterer Aspekt von ausschlaggebender Bedeutung. Nicht nur das Volk muß gut gebildet und sittlich gereift sein, sondern in weit höherem Maße erfordert die Demokratie auch wahrhaft sittlich gereifte, selbstlose und hervorragend ausgebildete Staatmänner, die in der Lage und vor allem bereit sind, auch unpopuläre Maßnahmen aus Verantwortung für das Allgemeinwohl durchsetzen, ohne dabei die Gefahr der Abwahl im Auge zu haben. Wir alle wissen, daß die meisten demokratischen Staaten Westeuropas weit davon entfernt sind, solche wirklich mutige Politiker zu besitzen.

Aus dem Gesagten können wir nun folgende Schlüsse für eine echte, am Gemeinwohl orientierte Demokratie ziehen:

Zunächst ist die Einführung des Mehrheitswahlrechts unbedingt erforderlich und zwar mit dem Ziel, den Einfluß der Parteien, soweit wie nur möglich, zurückzudrängen. In Deutschland wird dies wohl nur über eine Verfassungsänderung möglich sein. Bestrebungen in diese Richtung gab es vor und während der ersten großen Koalition in Deutschland Ende der sechziger Jahre des letzten Jahrhunderts. Aus parteitaktischen Überlegungen wurden diese Pläne leider wieder verworfen. Anstelle der Wahl von Parteien und ihrer Kandidaten tritt in einem echten Mehrheitswahlrecht die direkte Wahl eines Kandidaten in einem überschaubaren Wahlkreis, der die Möglichkeit bietet, den Kandidaten gut kennenzulernen. Ein Kandidat gilt als gewählt, wenn er mindestens 50% der Stimmen in einem Wahlkreis auf sich vereinigt; sollte dies im ersten Wahlgang nicht gelingen, muß in einem zweiten Wahlgang zwischen den beiden Kandidaten mit den meisten Stimmen entschieden werden. Damit die Kandidaten völlig unabhängig von Parteien kandidieren können, muß die Finanzierung des Wahlkampfes des Kandidaten direkt durch den Staat erfolgen; ab einem bestimmten prozentualen Stimmenanteil erhält der Kandidat für jede für ihn abgegebene Stimme eine bestimmte Summe aus der Wahlkampfkostenerstattung zugewiesen, wobei die Kandidaten die Möglichkeit erhalten müssen, für den Wahlkampf zinslose Kredite aufzunehmen, die dann später aus der Wahlkampfkostenerstattung zurückgezahlt werden. Auf diese Weise wird sichergestellt, daß der Kandidat vor allem seinen Wählern verpflichtet ist, daß zumindest die Hälfte der Bürger eines Wahlkreises ihn unterstützen und daß er wirtschaftlich unabhängig seinen Wahlkampf führen kann.

Des weiteren trägt zur Einheit des Volkes eine präsidiale Demokratie mit direkter Wahl des Präsidenten erheblich mehr bei als die Wahl des Regierungschefs durch das Parlament. Ein starkes Parlament mit weitgehenden Kontrollbefugnissen dient dazu, den Mißbrauch der Macht durch den Präsidenten zu verhindern. Der Präsident muß andererseits sehr weitgehende Machtbefugnisse erhalten. Das US-amerikanische Modell kann hier zumindest in bestimmter Hinsichten als Modell dienen.

Weiterhin ist eine deutliche Ausdehnung der Amtszeit des Präsidenten auf z.B. sieben Jahre wünschenswert, wobei die Möglichkeit der einmaligen Wiederwahl gegeben sein kann. Denkbar wäre aber eventuell auch eine noch längere Amtszeit ohne die Möglichkeit der Wiederwahl, was dazu führen könnte, daß der Präsident bis zum letzten Tag seiner Amtszeit nicht an seine Wiederwahl denken muß und allein im Sinne des Allgemeinwohls regieren kann.

Sittliche und politische Reife des Volkes vorausgesetzt, ist auch an die Möglichkeit einer Ausdehnung der Volksabstimmungen auf allen Ebenen, auch auf Bundesebene zu denken.

Schon allein auf Grund des „wichtigsten sozialphilosophischen Prinzips" (Pius XI.), des Subsidiaritätsprinzips, ist ein streng föderaler Aufbau des Staates erforderlich, wobei die Kompetenzen der Länder deutlich gestärkt werden müssen, streng nach der Regel, daß das, was von einer niedrigeren Ebene erledigt werden kann, von einer höheren Ebene keineswegs abgenommen werden darf.

Wegen der Bedeutung der Presse und der anderen Medien, insbesondere Rundfunk und Fernsehen, für die politische und auch sittliche Bildung des Volkes, müssen die Medien streng auf das Gemeinwohl und eine objektive Berichterstattung verpflichtet werden. Sittlich verwerfliche und verderbliche Berichterstattung und Unterhaltung ist zu verbieten. Hierzu ist selbstverständlich vor allem eine ausgezeichnete Ausbildung der Journalisten erforderlich, bei der besonders auf Verantwortungsbewußtsein und sittliche Festigkeit Wert zu legen ist. Nicht die unklare und heute so wichtig genommene Meinungsfreiheit ist das höchste Ideal, sondern unendlich weit höher, und zwar sowohl für den Einzelnen als auch für die Gemeinschaft, steht die Wahrheit und das Allgemeinwohl. Diese echte Reform der Medien muß in ihren Grundzügen durch staatliche Gesetze geregelt werden, wird dann aber weitgehend in strenger Selbstkontrolle ohne staatliche Einmischung durch einen berufsgemeinschaftlichen Medienrat, der auch auf Länderebene tätig ist, sichergestellt. Die öffentlich-rechtlichen Sendeanstalten, die in einer solchen Ordnung durchaus wieder sinnvoll sind, werden dabei nicht, wie in der heutigen Parteiendemokratie, durch politische Vertreter beeinflußt sondern z.B. von verantwortungsbewußten und sittlich gefestigten unabhängigen Personen aus den Berufsgemeinschaften.

Unser Anliegen in dieser Schrift ist nicht die Umgestaltung und Reform der politischen, sondern der sozialen Verhältnisse. Daher lassen wir es mit dieser groben Skizze bewenden, die vor allem dazu dienen sollte, deutlich zu machen, unter welchen Verhältnissen die soziale Demokratie ihre besten Entfaltungsmöglichkeiten findet. Wir gehen nach diesen Vorbemerkungen nun über zur Darstellung der wichtigsten Grundprinzipien der sozialen Demokratie.

2. Gemeinwohl und Subsidiarität

Grundlagen der Idee der wirtschaftlichen Selbstverwaltung

Das von der katholischen Soziallehre vorgeschlagene Modell der wirtschaftlichen und sozialen Selbstverwaltung beruht insbesondere auf zwei Prinzipien: dem Gemeinwohl und der Subsidiarität. Beide Prinzipien stehen nicht im Widerspruch zueinander, sondern ergänzen sich. Ja, man kann sogar mit einem gewissen Recht sagen, daß beide Prinzipien nahezu identisch sind. Dadurch erklärt sich auch der scheinbare Widerspruch in den Enzykliken der Päpste Leo XIII. und Pius XI. Während es in der Enzyklika *Rerum novarum* von Leo XIII. heißt, daß „das erste und oberste Gesetz der staatlichen Gemeinschaft" das Gemeinwohlgesetz ist, bezeichnet Pius XI. das Subsidiaritätsprinzip als „das oberste sozialphilosophische Prinzip". Dieser scheinbare Widerspruch löst sich aber sofort auf, wenn man beachtet, daß das Gemeinwohl zu all den Funktionen ermächtigt, die zu seiner Verwirklichung erforderlich sind und auf diese Weise sowohl die Befugnisse gibt als zugleich auch begrenzt. Das Gemeinwohlprinzip gibt dem Staat die Befugnis zu all dem, was zur Realisierung desselben erforderlich ist, aber auch nur dazu. Das, was eine untere Ebene selbst erledigen kann, fällt nicht in den Aufgabenbereich des Staates, und hier liegt die Grenze des Gemeinwohlprinzips. „Gemeinwohl und Subsidiaritätsgesetz sind zwei Seiten einer und derselben Sache" (J. Messner, 1950, 199). Das Gemeinwohl kann nur dann verwirklicht werden, wenn der Staat den untergeordneten Gemeinschaften und Individuen soviel Freiheit gibt wie möglich, denn nur so kommen die Kräfte des Einzelnen und der Gemeinschaften zur freien Entfaltung, die wesentlich zum Gemeinwohl beitragen.

In den weiteren Abschnitten sollen nun zunächst diese beiden Prinzipien eingehender erläutert werden und daraus die Schlußfolgerungen für die soziale Demokratie gezogen werden.

2.1 Gemeinwohl

Jede menschliche Tätigkeit hat ein Ziel, einen Zweck. Auch das menschliche Leben als ganzes folgt einem Ziel, einem Sinn. Dieses Ziel ist etwas objektives, das dem Einzelnen mit seiner Erschaffung aufgegeben ist und das er erreichen oder verfehlen kann. Das Endziel jedes Menschen ist die Verherrlichung Gottes in der Gemeinschaft der Allerheiligsten Dreifaltigkeit. Es gibt auch ein gewissermaßen vorletztes Ziel, das irdische Ziel des Menschen, das man als sein persönliches Wohl bezeichnen könnte, d.h. daß er auf menschliche Weise ein glückliches Leben führen kann.

Kein Mensch kann als Einzelner dieses sein persönliches Ziel erreichen, sowenig wie er sein ewiges Ziel alleine zu erreichen vermag. Deshalb ist der Einzelne wesensmäßig, von seiner Natur her, auf die Gemeinschaft verwiesen und auf sie angewiesen.

Durch die Gemeinschaft verwirklicht der Mensch sein eigenes Wohl. Aber die Gemeinschaft als eigene ontologische Realität hat auch selbst ein Ziel, das nicht nur die Summe der Einzelwohle ist. Auch das Wohl jeder Gemeinschaft – der Familie, der Gemeinde, der Berufsgemeinschaft, des Staates – ist ein objektives Ziel, das der Gemeinschaft von ihrer Natur her zukommt. Dieses Ziel der Gemeinschaft, der Zweck der Gemeinschaft ist das Gemeinwohl.

Grundsätzlich stehen das Wohl des Einzelnen und das Gemeinwohl nicht im Widerspruch zueinander, da sie sich ergänzen sollen. Der Einzelne verwirklicht ja seine persönlichen Ziele in und durch die Gemeinschaft und wird durch sie zugleich über sich selbst hinausgehoben zu weit höheren Leistungen und zu einem weit größeren Wohl. Zugleich trägt seine eigene Tätigkeit für die Gemeinschaft zum Gemeinwohl bei.

Gleichwohl schließt dies, wie jeder weiß, Konflikte zwischen den Wünschen und Interessen des Einzelnen und dem Gemeinwohl nicht aus. Deshalb gilt das Prinzip, daß das Gemeinwohl über dem Einzelwohl steht. Ob jedoch ein vermeintliches Gemeinwohl, das im Konflikt zu einem Einzelwohl steht, wirklich auch ein Gemeinwohl ist, dafür gibt es vier Kriterien:

1. Es ist der Gemeinschaft nicht erlaubt, etwas zu gebieten, was dem Naturrecht bzw. der Sittlichkeit widerspricht.

2. Die Forderungen der Gemeinschaft dürfen insbesondere nicht dem Subsidiaritätsprinzip widersprechen, d.h. es darf nur das gefordert werden, was dem Ziel des Gemeinwohls dienlich ist.

3. Die Zuständigkeit der Gemeinschaft bezieht sich ausschließlich auf eine äußere Ordnung, d.h. sie darf nur äußere Handlungen fordern. Eine Gesinnung darf nicht vorgeschrieben werden, wenn es auch durchaus wünschenswert ist, auf die Gesinnung der Mitglieder einer Gemeinschaft im Sinne des Gemeinwohls einzuwirken.

4. Jede Gemeinschaft in einem Gemeinwesen ist verpflichtet, ihr Ziel im Zusammenhang mit den Zielen der anderen Gemeinschaft zu verwirklichen, insbesondere im Zusammenhang mit dem Allgemeinwohl.

Verstößt die Forderung einer Gemeinschaft gegen eine Person oder einer höheren Gemeinschaft gegen eine kleinere Gemeinschaft gegen eine dieser Kriterien, so ist die Forderung nicht berechtigt, d.h. sie ist nicht im Interesse des Gemeinwohls.

Dies wird auch daraus ersichtlich, daß das Gemeinwohl insbesondere zwei gesellschaftliche Grundfunktion erfüllt:

1. Die Zusammenarbeit der Glieder einer Gemeinschaft muß die Voraussetzungen für das Zusammenleben der Gemeinschaftsglieder sicherstellen. Hierzu gehört besonders die Sicherstellung der äußeren Ordnung der Gesellschaft, die Verhinderung von Übergriffen und die Beseitigung von Hindernissen für die Erfüllung der Lebensaufgaben der Gesellschaftsglieder. Diese Aufgabe wird insbesondere durch das Recht und die mit ihr verbundene Zwangsgewalt einer Gemeinschaft sichergestellt. Der Liberalismus beschränkt den Staat allein auf diese negative Funktion des Gemeinwohls.

2. Darüber hinaus gibt es eine weitere Grundfunktion der Gemeinschaft im Sinne des Gemeinwohls, nämlich die Sicherung der wirtschaftlichen und kulturellen Wohlfahrt der Gemeinschaftsglieder. Dies bedeutet aber nicht, daß die Gemeinschaft die Funktion einer Wohlfahrtsanstalt zu übernehmen hat, also direkt für die Bedürfnisse der Glieder des Gemeinwohls zu sorgen hat, wie dies Linke aller Schattierungen fordern. Die Gemeinschaft muß nur die *Voraussetzungen* schaffen, damit der Einzelne seine irdischen Ziele erreichen kann.

Das Gemeinwohl ist mehr als die Summe der Einzelwohle der Gemeinschaftsglieder. Deshalb wird es als eine eigene Wirklichkeit (Entität) aufgefaßt. Diese Wirklichkeit besteht jedoch nicht „über“ oder „neben“ oder unabhängig von den Gesellschaftsgliedern, sondern nur „in“ ihnen. In moderner philosophischer Terminologie könnte man sagen, daß, so wie die Farbe olivgrün nur an olivgrünen Dingen existiert und nicht von diesen abgetrennt, das Gemeinwohl nur „in“ den Gliedern der Gemeinschaft wirklich ist.

Zur Definition des Gemeinwohls, die bereits früher erfolgte, sollen hier drei verschiedene Definitionen zitiert werden, die einigermaßen klar das zusammenfassen, was mit dem Wort „Gemeinwohl“ gesagt werden soll:

1. „Das Gemeinwohl ist die Gesamtheit der Bedingungen, die erforderlich sind, damit nach Möglichkeit alle Glieder des Staates frei und selbständig ihr wahres irdisches Glück erreichen können“ (Cathrein, zitiert nach Messer, 1934, 491).

2. „Das Gemeinwohl ist die Ordnung der Gesellschaft, in der jedes Glied die Möglichkeit der Erfüllung seiner Lebensaufgaben (...) auf Grund der Teilnahme an den Früchten der gesellschaftlichen Kooperation besitzt“. (Messner, 1950, 134).

3. „Das oberste Gesetz der staatlichen Ordnung ist das Gemeinwohl. Es besteht in der aus der gesellschaftlichen Verbundenheit der Gesellschaftsglieder für alle erwachsenden Hilfe zur eigenverantwortlichen Erfüllung der in ihrer Natur vorgezeichneten und im Einklang damit von ihnen frei gewählten persönlichen und gesellschaftlichen Lebensaufgaben. Anders ausgedrückt: „Das Gemeinwohl besteht in jenen äußeren Bedingungen, die der Gesamtheit der Staatsbürger notwendig sind zur Entfaltung ihrer Anlagen und Aufgaben, ihres materiellen, kulturellen und religiösen Lebens“ (Pius XII. U-G 231) (Messner, Kurz gefaßte christliche Soziallehre, Wien 2001).

Von Sinn her sind sich alle drei Definitionen aus unterschiedlichen Zeiten sehr ähnlich, wenn sie auch sprachlich unterschiedlich formuliert sind. Gemeinsam ist allen Bestimmungen, daß sie das Gemeinwohl dadurch definieren, daß es die *Mittel* für die Mitglieder einer Gemeinschaft bereitstellt, durch die diese die Möglichkeit erhalten, ihre eigenen Ziele („Früchte“, „irdisches Glück“) zu erreichen. Das Gemeinwohl beschafft den Gliedgemeinschaften oder den Einzelnen nicht selbst die von ihnen erstrebten Güter (Ziele, Zwecke), sondern stellt nur die Mittel bereit, durch die der Einzelne wie die Gliedgemeinschaften diese Güter erlangen können. Dies kann durch ein einfaches Beispiel verständlich gemacht werden: Wenn ein Gewerbetreibender bestimmte Produkte für den Markt bereitstellt, allerdings regelmäßig einmal pro Woche von einer Horde Räuber überfallen und seiner Produkte beraubt wird, oder wenn ihm durch Schutzgelderpressung die Früchte seiner Arbeit entzogen werden, so wird er nach kurzer Zeit die Güter, die er der Gemeinschaft zur Verfügung stellt, nicht mehr herstellen wollen und können. Hier ist es die Aufgabe des Gemeinwohls, für die Sicherheit der Person und seines Gewerbes zu sorgen, z.B. durch Gesetze und ihre Durchführung durch Justiz und Polizei.

Dementsprechend definieren wir das Gemeinwohl wie folgt:

AW „Gemeinwohl“ = x ist ein Gemeinwohl genau dann, wenn x die Mittel zur Verfügung stellt, damit eine Person a, oder eine Gemeinschaft g in die Lage versetzt wird, ihren Zweck selbständig zu verwirklichen.

Wie eng die Verbindung zwischen dem recht verstandenen Gemeinwohl und dem Subsidiaritätsprinzip ist, wird schon allein durch die Kriterien zur Bestimmung eines echten Gemeinwohlinteresses sichtbar, die wir zuvor genannt haben. Bereits aus unserer Definition folgt gewissermaßen die Bedeutung der Subsidiarität für das Gemeinwohl.

2.2 Gemeinwohl durch Subsidiarität

Die Forderung der katholischen Soziallehre nach sozialer und wirtschaftlicher Selbstverwaltung im Sinne des Gemeinwohls entspringt insbesonderen aus der Forderung des universalen Subsidiaritätsprinzips. Eine größere Gemeinschaft wie der Staat hat nicht das Recht, aber auch nicht die Pflicht, in wirtschaftliche und soziale Bereiche einzugreifen, wenn die kleineren Gemeinschaften, insbesondere die Berufsgemeinschaften, in der Lage und willens sind, diese Bereiche selbst zu ordnen. Wie weit praktisch alle formaldemokratischen Staaten der Gegenwart von diesem Prinzip entfernt sind, ohne das keine wirklich freie und gerechte Gesellschaft bestehen kann, zeigt allein ein Blick auf die tatsächlichen Verhältnisse, deren Schilderung sich erübrigt.

Man kann in zweifacher Weise gegen dieses Prinzip verstoßen. Einerseits durch Eingriffe des Staates in das Selbstverwaltungs- und Selbstbestimmungsrecht der kleineren Gemeinschaften, z.B. der Berufsgemeinschaften, andererseits aber auch durch einen radikalen Wirtschaftsliberalismus, wie er heute unter dem Titel „Neo-Liberalismus" vertreten wird. Im letzteren Fall wird jede staatliche Intervention, zugleich aber auch die berufsgemeinschaftliche Selbstverwaltung untersagt, so daß jedes Unternehmen für sich dem sogenannten „freien Markt", dem „freien Spiel der Marktkräfte" überlassen wird und die Angestellten und Arbeiter von einer Mitwirkung ausgeschlossen werden. Liberalismus wie Staatssozialismus verhindern beide auf ihre Weise die Bildung und Entfaltung von Berufsgemeinschaften, in denen die beteiligten Unternehmen zusammenarbeiten – unter Mitwirkung der Arbeitnehmer – und alle zu ihrem jeweiligen Bereich gehörenden Aufgaben weitgehend selbständig organisieren und verwalten.

Da das Allgemeinwohl das Wohl aller sein muß, sind auch alle gefordert, daran mitzuarbeiten. Den größten Teil der Menschen, die zum Gemeinwohl durch ihre Arbeit beitragen, von der Organisation und Verwaltung auszuschließen, verstößt nicht nur gegen das Subsidiaritätsprinzip, sondern auch gegen die Gerechtigkeit. Sowohl der Staatssozialismus, wie er heute in vielen westeuropäischen Ländern herrscht, als auch der Neoliberalismus schließen aber den größten Teil der Menschen von der Mitwirkung an der Verwaltung des Allgemeinwohls aus. Dies verstößt nicht nur gegen die Gerechtigkeit, sondern reduziert die Möglichkeiten und Kräfte der Gemeinschaft, die durch eine breite Mitwirkung aller Mitglieder einer Berufsgemeinschaft gerade in den Bereichen, in denen die Menschen etwas von der Sache verstehen, zu einer kreativen Entfaltung führen könnten.

Es ist vor allem die Ergänzungsbedürftigkeit des Menschen, der nicht alleine in der Lage ist, sich die zum Leben notwendigen Güter zu beschaffen, die ihn auf einen gemeinsamen Zweck, das Gemeinwohl hinordnet. Aus diesem Grund kann das Gemeinwohl nicht darin bestehen, daß die Gesellschaft bzw. die übergeordnete Gesellschaft auch das vollbringt, was der Einzelne oder die kleinere Gemeinschaft selbst tun kann. In diesem Satz ist der Wesenszusammenhang von Gemeinwohlprinzip und Subsidiaritätsprinzip klar und deutlich zusammengefaßt. Gerade die besonders strenge

Beachtung des Subsidiaritätsprinzips führt zu einer größeren Entfaltung und zur echten Verwirklichung des Gemeinwohls. Die berufsgemeinschaftliche Selbstverwaltung, die soziale Demokratie, ist die Verwirklichung dieses Prinzips.

2.3 Der subsidiäre Aufbau der Gesellschaft

Das Prinzip der Subsidiarität gilt universell, nicht nur für den Bereich von Staat und Verwaltung sondern ebenso für den gesamten Bereich der Gesellschaft, für Wirtschaft, Kultur und den Sozialbereich.

In diesem Abschnitt soll ein erster Überblick über den subsidiären Aufbau der Gesellschaft gegeben werden. Die soziale Demokratie betrachtet besonders die Gesellschaft als Gegenstand der christlichen Sozialreform. Grundsätzlich gilt, daß es nicht die Aufgabe des Staates ist, die Gesellschaft im einzelnen zu ordnen, es sei denn durch allgemeine gesetzliche Vorgaben, durch die alle gesellschaftlichen Kräfte auf das Gemeinwohl ausgerichtet werden, oder für den Fall, daß die Selbstverwaltung in einem der gesellschaftlichen Bereiche Probleme aufweist oder größere Schwierigkeiten bereitet. Auch in diesen letzteren Fällen darf der Eingriff des Staates aber nicht über unterstützende Hilfeleistung hinausgehen, die den gestörten Bereich wieder in die Lage versetzt, selbständig seine Aufgaben durchzuführen.

Der zweifellos wichtigste gesellschaftliche Bereich, sowohl für den Einzelnen und die Familien als auch für die Gesellschaft als ganzer, ist die Wirtschaft eines Landes. Darum setzt die soziale Demokratie auch in erster Linie hier ein. Grundsätzlich muß es wieder im Bewußtsein der Unternehmer und der Arbeitnehmer verankert werden, daß die Wirtschaft kein Selbstzweck ist, daß sie nicht in erster Linie der Profitmaximierung dient und daß die Arbeit kein bloßer „Job“ ist, durch den man sich möglichst hohe finanzielle Mittel beschafft, um dann „das Leben zu genießen“. All diese Zwecke sind durchaus berechtigt, doch sie dürfen nicht im Zentrum der wirtschaftlichen Tätigkeit stehen. Es muß wieder ein Bewußtsein dafür entstehen, daß der Zweck der Wirtschaft und der Arbeit das Gemeinwohl ist, d.h. Dienst für den Mitmenschen und für die gesamte Gemeinschaft. Durch die Produktion von Gütern und Dienstleistungen leisten Unternehmer und Mitarbeiter den wichtigsten Beitrag zum Wohlstand einer Gemeinschaft, eines Volkes. Die derzeitige entfremdete Situation in der Wirtschaft läßt dieses Bewußtsein oft erst gar nicht aufkommen. Der Einzelne trägt durch seine Leistung, ob als Unternehmer oder als Angestellter, zum allgemeinen Wohl eines Volkes bei. Durch den liberalen Individualismus und durch immer größere Wirtschaftsräume werden die Leistungsträger auf sich selbst zurückgeworfen, und stellen nur noch den wirtschaftlichen Profit oder die Höhe des Einkommens in den Mittelpunkt ihrer Tätigkeit. Durch Dezentralisierung der Wirtschaft und die Beteiligung aller Leistungsträger, vom angelernten Arbeiter bis zum Unternehmer, an der Organisation und Verwaltung des Gemeinwohls und der Wirtschaft wird erst ein verantwortungsvolles und soziales Verhalten möglich.

Dabei geht es keineswegs um die Einschränkung der Verfügungsgewalt von Unternehmern über ihr Eigentum, wie dies allen sozialistischen und sozialdemokratischen Bestrebungen eigen ist. Naturrechtlich gibt es kein Recht auf betriebliche Mitbestimmung, da alle Rechte aus Pflichten hervorgehen, es also nur dort ein Recht gibt, wo eine Verpflichtung gegeben ist. Deshalb ist auch das Gerede von „gleichen Rechten“ für alle eine bloß ideologische Worthülse, die keine rationale Grundlage hat. Selbstverständlich hat der mittelständische Unternehmer mehr Rechte in seinem Unternehmen als der Angestellte, da er auch erheblich größere Pflichten hat. Es gehört zu seinen Pflichten, unabhängig von der wirtschaftlichen Lage, seinen Angestellten pünktlich das Gehalt zu zahlen; er trägt die alleinige Verantwortung für den wirtschaftlichen Erfolg oder Mißerfolg seines Unternehmens und seines darin investierten Kapitals. Deshalb benötigt er auch eine weitgehende Freiheit, um für sein Unternehmen und die darin Beschäftigten das zu tun, was er als das Richtige erachtet. Sollte der Unternehmer seine Mitarbeiter am Unternehmen beteiligen, was durchaus wünschenswert ist und wozu es verschiedene Möglichkeiten gibt, die Mitarbeiter zu Teilhabern am Unternehmen werden zu lassen, dann haben diese auch das Recht auf Mitbestimmung.

Weit wichtiger als die von den linken Gewerkschaften und Parteien immer wieder geforderte betriebliche Mitbestimmung ist die Struktur des Unternehmens. Hierfür gibt es kein besseres und idealeres Modell als das der Familie. Das soll im Kapitel 4 etwas ausführlicher beschrieben werden.

Unser eigentliches Thema ist hier die Struktur der Wirtschaft selbst, die natürlich im Unternehmen ihren Ausgang nimmt. Die soziale Demokratie setzt bei der Berufsgemeinschaft an:

Je nach Größe der Berufsgemeinschaft innerhalb einer bestimmten Region bildet die Stadt oder der Landkreis die unterste Ebene der Berufsgemeinschaft. Handwerksbetriebe, wie Bäcker oder Fleischer, aber auch die Berufsgemeinschaft des Einzelhandels oder der freien Berufe (Ärzte, Rechtanwälte, Notare, Apotheker) werden sicherlich in Stadt oder Landkreis eine berufsgemeinschaftliche Körperschaft mit den dazu gehörenden Ausschüssen bilden. Größere Wirtschaftszweige gründen als unterste Körperschaft eine Landesberufsgemeinschaft mit den entsprechenden Ausschüssen. Diese Körperschaften öffentlichen Rechts, in der ausnahmslos alle Unternehmen der gleichen Branche zusammengeschlossen sind, regeln durch Verordnungen und Gesetze in ihrem Bereich alle Aufgaben, die sie selbständig durchführen können. Dies beginnt mit der Anmeldung neuer Gewerbebetriebe bei der entsprechenden berufsgemeinschaftlichen Kammer, setzt sich fort in der regionalen Wettbewerbskontrolle und kann auch schon auf der unteren Ebene bis zur Krankenversicherung und Arbeitslosenförderung gehen.

Welche Berufsgemeinschaften sich bilden bzw. welche Branchen sich zu einer Berufsgemeinschaft zusammenschließen, kann nicht theoretisch vorweggenommen werden sondern muß sich im Aufbau der soziale Demokratie zeigen. Allgemein kann man nur sagen, daß die Berufsgemeinschaften weder zu spezifisch sein sollten, noch zu viele Branchen umfassen dürfen. Das Prinzip für den Aufbau einer Berufsgemeinschaft ist, daß diese als eine Leistungsgemeinschaft durch eine gemeinsame Leistung im Sinne des Gemeinwohls bestimmt sein muß. Wenn man als Beispiel den Wirtschaftsbereich Handel nimmt, so sind hier die Berufsgemeinschaften Einzel- und Großhandel zu unterscheiden, aber vermutlich ergeben sich noch weitere Differenzierungen. Während des Aufbaus der Selbstverwaltungswirtschaft wird man am ehesten mit größeren Gemeinschaften beginnen, im Bereich Handel z.B. mit der Berufsgemeinschaft Einzelhandel und der Berufsgemeinschaft Großhandel, und dann im Laufe der Zeit weitere Berufsgemeinschaften gründen, wenn sich dies als sinnvoll erweist. Wichtig ist, daß insbesondere auf der regionalen oder Landesebene die Strukturen nicht zu groß werden, weil sonst eine Identifikation mit der Berufsgemeinschaft durch Unternehmer und Arbeitnehmer schwierig wird, die aber für das ganze Modell der sozialen Demokratie von erheblicher Bedeutung ist.

Für den Aufbau der Berufsgemeinschaften können die bestehenden Strukturen der Industrie- und Handelskammern, sowie der Handwerkskammern, Ärzte- und Apothekerkammern genutzt werden, die entsprechend weiter gegliedert und deren Kompetenzen weiter ausgebaut werden. Im Unterschied zum derzeitigen Stand werden die Arbeitnehmer paritätisch in die Aufgaben mit einbezogen. Bei Beratungen und Entscheidungen in den Ausschüssen, die entweder dauerhaft oder problemorientiert bestehen, sollte dabei nach Möglichkeit nicht das einfache Mehrheitsprinzip gelten, sondern, wenn möglich, in allen wichtigen Angelegenheiten Einstimmigkeit angestrebt werden. Dies sollte mit stetem Blick auf das Gemeinwohl der Berufsgemeinschaft durchaus auch durchführbar sein, wenn auch am Anfang zweifellos noch Gruppen- und Sonderinteressen eine solche Einstimmigkeit verhindern könnten.

Zu den Aufgaben der unteren berufsgemeinschaftlichen Körperschaften gehören neben den bereits erwähnten Tätigkeiten die Gesundheitsvorsorge (z.B. regelmäßige betriebsärztliche Untersuchungen aller Mitarbeiter), Aus-, Fort- und Weiterbildung und die Altersvorsorge. Bei letzterer übersteigt es vermutlich die Fähigkeiten der unteren Ebene, eine eigene Rentenversicherung zu betreiben – hierfür sind die Landesberufsgemeinschaften zuständig –, aber die Betreuung von berufsgemeinschaftlichen Tagesstätten und evtl. auch Alten- und Pflegeheimen ist je nach der Größe der regionalen Berufsgemeinschaft durchaus vorstellbar.

Die nächsthöhere Ebene im subsidiären Aufbau der sozialen Demokratie sind die Landesberufsgemeinschaften. Bestimmte Branchen werden erst auf Landesebene mit dem subsidiären Aufbau beginnen (z.B. die Stahlindustrie oder der Bergbau); im allgemeinen ist die Landesberufsgemeinschaft aber die mittlere Ebene zwischen regionalen und bundesberufsgemeinschaftlichen Körperschaften. Hier, wie bei allen weiteren höheren Ebenen ist streng darauf zu achten, daß die Landeskammern ausschließlich subsidiär tätig werden, d.h. nur solche Aufgaben übernehmen, die von den regionalen Kammern nicht geleistet werden können. Dazu gehört der größte Teil der heute durch die Landeswirtschaftsministerien geleisteten Arbeit, die eigentlich in die wirtschaftliche Selbstverwaltung der Berufsgemeinschaften gehört, also beispielsweise Energieversorgung, kartellrechtliche Mißbrauchsaufsicht, Rohstoffe sowie wirtschaftliche und soziale Fördermaßnahmen. Die Beratung der Landesregierung bei wirtschaftspolitischen Entscheidungen ist eine weitere Aufgabe der Landesberufsgemeinschaften. Wettbewerbskontrolle und -förderung, Wirtschaftsförderung auf Landesebene, Verbraucherschutz oder die Gründung und Unterhaltung von Fachhochschulen im Bereich der Bildung sind weitere Aufgaben der Berufsgemeinschaften. Die Landeskammern unterhalten Ausschüsse für die Renten- und möglicherweise Krankenversicherung sowie für die Arbeitsförderung und die Unterhaltung der berufsgemeinschaftlichen Arbeitslosenversicherungen. Jede Berufsgemeinschaft ist für den Unterhalt der in ihrem jeweiligen Bereich entstehenden Arbeitslosen zuständig, wobei ein Teil der finanziellen Mittel, die von Arbeitgebern und Arbeitnehmern zu gleichen Teilen aufgebracht werden, in einen Ausgleichsfond eingezahlt werden, durch den eine bestimmte Branche, die z.B. durch starken technologischen Fortschritt besonders stark von Arbeitslosigkeit betroffen ist, unterstützt werden kann.

Die verschiedenen berufsgemeinschaftlichen Landeskammern schließen sich darüber hinaus zu einem Landesrat zusammen, dessen Aufgabe die Koordination der Arbeit der verschiedenen Berufsgemeinschaften im Lande ist und der insbesondere für die Beratung der Landesregierung in Wirtschaftsfragen zuständig ist. Jede Berufsgemeinschaft auf Landesebene sendet ihre Vertreter in den Landesrat.

Die höchste berufsgemeinschaftliche Ebene innerhalb eines Staates wie der Bundesrepublik Deutschland oder Österreich ist die Bundesebene. Die Aufgaben der Bundeskammern der Berufsgemeinschaften sind streng subsidiär beschränkt, da ihnen nur die Aufgaben verbleiben, die durch die Landesverbände nicht oder nur unzureichend geleistet werden können. In erster Linie wird es die Aufgabe der Bundeskammern sein, einen großen Teil der bisher durch das Bundeswirtschaftsministerium geleisteten Arbeit zu übernehmen, sofern diese in die wirtschaftliche und soziale Selbstverwaltung gehört, und sie werden die Bundesregierung bei Gesetzesvorhaben beraten. Weiterhin ist z.B. eine Rahmenarbeitsschutzordnung für ein ganzes Land denkbar oder eine bundesweite Wettbewerbsordnung und die Verhinderung von Monopol- und Kartellbildung. Die Bundeskammern sind zudem zuständig für europäische und internationale wirtschaftliche, kulturelle und soziale Zusammenarbeit, sofern diese nicht in den Aufgabenbereich des Staates fällt.

Die verschiedenen Kammern der einzelnen Berufsgemeinschaften entsenden Delegierte in eine Bundeswirtschaftskammer, die als oberstes Organ der Berufsgemeinschaften deren Interessen im Sinne des Gemeinwohls bei der Regierung vertritt.

Selbstverständlich ist dieses Modell auf europäischer Ebene erweiterbar zu europäischen Berufsgemeinschaften, deren Aufgaben allerdings dadurch stark begrenzt sind, daß der größte Teil der Selbstverwaltung in den jeweiligen Staaten oder Ländern und Regionen bereits geleistet wird. Auf keinen Fall dürfen diesen europäischen Kammern Übergriffe in die Rechte und Pflichten der untergeordneten Gemeinschaften gestattet werden, wie dies heute in ungeheuerer Weise und sogar durch Aushöhlung der Souveränität nationaler Staaten innerhalb der EU geschieht. Dies wird sich leicht dadurch verhindern lassen, daß die untergeordneten Berufsgemeinschaften schon von sich aus ein Interesse daran haben, die ihnen zukommenden Aufgaben selbst zu regeln; und eine Aufgabe, die von einer untergeordneten Ebene selbst geregelt werden kann, darf ihr nicht von einer höheren Ebene abgenommen werden. Ein auf der Grundlage der Subsidiarität und der Berufsgemeinschaften aufgebautes Europa wäre geradezu das Gegenteil der heutigen totalitären EU-Diktatur, die ausschließlich den multinationalen Großkonzernen dient und dies auf Kosten der kleinen und mittelständischen Betriebe, die den Großteil der Arbeitsplätze stellen und die volkswirtschaftlichen Werte schaffen. So wäre eine der Aufgaben der europäischen Berufsgemeinschaften die Leitung der Europäischen Zentralbank, sofern man an der europäischen Einheitswährung festhalten möchte.

Zu den Aufgaben der europäischen und nationalen berufsgemeinschaftlichen Institutionen gehört als eine der wichtigsten Aufgaben die Geld- und Finanzwirtschaft. Vor allen anderen Aufgaben ist die zentrale und primäre Aufgabe der Banken die Bereitstellung von Krediten für die produzierende und dienstleistende Wirtschaft. Nur auf diese Weise kann eine stabile und gesunde Währung erhalten werden. Der gesamte Bereich der Finanzspekulation, der in der heutigen postindustriellen Wirtschaft den überragenden Teil der Tätigkeit der Banken ausmacht, wird in der sozialen Demokratie radikal eingeschränkt. Diese Tätigkeit der Banken schadet der Wirtschaft mittel- und langfristig ganz erheblich und wird, da kann man sich inzwischen fast sicher sein, zum Zusammenbruch des bestehenden liberalen Wirtschaftssystems führen. Spätestens dann ist die Zeit der sozialen Demokratie gekommen! Wir werden später in einem eigenen Kapitel ausführlicher auf diesen Bereich eingehen.

2.4 Überwindung der Klassengesellschaft durch echte Sozialpartnerschaft in Wirtschaft, Kultur und Berufsgemeinschaft

Ein Blick auf die heutige krisenhafte Situation der deutschen und internationalen Wirtschaft legt nahe, daß die liberale Marktwirtschaft – gleichgültig ob sie sich „soziale Marktwirtschaft" nennt oder mit dem Sozialstaat verbunden ist –, unfähig ist, die Einheit der Gesellschaft zu erreichen.

Trotz der in den fünfziger und sechziger Jahren in Deutschland durchgesetzten betrieblichen Mitbestimmung, die in der Montanindustrie sogar zu einer paritätischen Mitbestimmung ausgestaltet wurde und trotz Betriebsverfassungsgesetz und zahlreichen anderen sozialen Maßnahmen bleiben die Arbeitnehmer bis heute weitgehend aus der Wirtschaft ausgeschlossen. Die Gewerkschaften verfolgen seit Jahrzehnten ihre eigenen ideologischen Machtinteressen, was von den Arbeitnehmern auch zunehmend erkannt und mit dem Austritt aus den Gewerkschaften beantwortet wurde. Sie tragen jedenfalls nicht zur Überwindung der Spaltungen und Gegensätze in der Gesellschaft bei, sondern vertiefen diese Gräben noch weiter. Statt Arbeitnehmer an ganz konkreten wirtschaftlichen und gesellschaftlichen Aufgaben zu beteiligt, herrschen Funktionäre, die den Bezug zu den eigentlichen und wirklichen Arbeitnehmerinteressen, besonders den Bezug zum Gemeinwohl, immer mehr verloren haben.

Auf Unternehmerseite sieht es nicht besser aus. Die Verbandsfunktionäre der großen Arbeitgeberverbände sind schon längst zu Interessenvertretern international tätiger Großkonzerne geworden. Kleine und mittelständische Unternehmen arbeiten, wenn überhaupt, allenfalls innerhalb enger regionaler Grenzen zusammen. Der Konkurrenzdruck sieht den Mitbewerber vor allem als Gegner; Zulieferer werden, soweit dies nur möglich ist, unter Druck gesetzt, um immer billiger einkaufen zu können und so den Profit zu erhöhen; häufig werden die Zulieferer schon wegen geringfügiger Preisdifferenzen gewechselt. Und die Arbeitnehmer werden gegeneinander ausgespielt und unter Druck gesetzt mit dem ständig drohenden Damoklesschwert des Arbeitsplatzverlustes. Die Liste könnte seitenlang fortgesetzt werden.

Daß an dieser Situation die sogenannte Globalisierung einen ganz erheblichen, wenn nicht sogar den entscheidenden Anteil hat, dürfte kaum zu bestreiten sein, denn in den sechziger und siebziger Jahren, in der dieses Wort noch zu den Fremdworten gehörte, sah die Situation noch ganz anders aus. Die angestrebte nahezu schrankenlose und einheitliche Weltwirtschaft, die keinerlei Grenzen mehr anerkennt und alle Menschen in einer multikulturellen, geistig entleerten Welteinheitskultur unterbringen will, verschärft die ohnehin schon bestehende Vereinzelung und Atomisierung der in der Wirtschaft Tätigen noch weiter. Die liberale Devise lautet: Jeder soll nur seine eigenen Interessen und Wünsche verfolgen, dann wird sich schon alles andere von selbst ergeben. Doch naturrechtlich ist der einzelne Staat die vollkommene Gesellschaft und ein „Weltstaat" ist allenfalls eine aus dem 18. Jahrhundert stammende radikale freimaurerische Ideologie, die hoffentlich nie Wirklichkeit werden wird. Der Staat ist aber vor allem zunächst dem Gemeinwohl des Staatsvolkes verpflichtet und keinem europäischen oder weltweiten Gemeinwohl. Zudem gilt auch hier das Prinzip, daß das Gemeinwohl nicht dauerhaft gegen das Einzelwohl stehen darf. Es gibt weder ein echtes Wohl der europäischen Völker, noch ein Allgemeinwohl der Menschheit, wenn einzelne Völker, oder auch die Berufsgemeinschaften dieser Völker unter der globalisierten Weltwirtschaft leiden. Zu allen diesen Sachverhalten wurde schon an anderer Stelle genug gesagt.

Das Problem besteht weniger in der richtigen Analyse der heutigen Situation als vielmehr in einer Antwort auf die Frage, wie diese liberale Entwicklung überwunden werden kann.

Sozialismus und Liberalismus haben sich als unfähig erwiesen, das Problem der gesellschaftlichen Spaltung zu überwinden; im Gegenteil, sie sind die Ursache dieser Entwicklung. Was den Liberalismus angeht scheinen dies breiten Teilen der Bevölkerung noch nicht verstanden zu haben, aber die nähere Zukunft wird deutlich machen, daß auch der Liberalismus, der ja nur die Gegenideologie des Sozialismus ist, ebenso wie dieser an seinen eigenen inneren Widersprüchen und Einseitigkeiten zugrunde gehen wird.

An dessen Stelle kann dann eine Gesellschaft treten, die beide Einseitigkeiten, die des Sozialismus und die des Liberalismus, durch eine echte sozialpartnerschaftliche Demokratie überwindet.

Der entscheidende Grundzug dieser naturgemäßen Gesellschaft ist die Partnerschaft und die familiäre Zusammenarbeit der Glieder der Gesellschaft. So wie die echte Familie Hierarchie und Autorität keineswegs ausschließt, und alles andere als eine Anstalt der Gleichheit ist, sondern im Gegenteil Hierarchie, Autorität und Ordnung erfordert, so wird auch die soziale Demokratie nicht ohne Über- und Unterordnung auskommen, doch bleibt diese wie in der Familie von Gerechtigkeit und Liebe getragen und dient der Gemeinschaft, anstatt sich ihrer zu bedienen.

Dies mag sich für Liberale und die an die harte Realität des liberalen Alltags gewöhnten Menschen nach Sozialromantik aus dem 19. Jahrhundert anhören, und in der Tat entledigt sich mit diesem Wort der Liberalismus im allgemeinen jeder weiteren Argumentation. Doch die christliche Soziallehre ist alles andere als sozialromantisch; sie ist vielmehr ein ideologiefreier Realismus. Partnerschaft kann nur dort entstehen, wo verschiedene Menschen, die naturgemäß unterschiedliche Wünsche und Interessen verfolgen, auf eine gemeinsame Aufgabe konzentrieren. Dies geschieht unter anderem ursprünglich im Wirtschaftsbetrieb. Damit dies geschieht, muß aber das Unternehmen auch strukturell so aufgebaut sein, daß sich jeder für das Unternehmen verantwortlich fühlt, und es gibt auch heute noch viele Beispiele aus kleinen und mittleren Unternehmen, in denen genau dies der Fall ist und die gerade daraus ihren Erfolg ableiten. Auf die Struktur des Betriebes werden wir aber später noch zu sprechen kommen.

Darüber hinaus ist es aber ebenso wichtig, daß sich die zu einer Branche gehörenden Arbeitgeber und Arbeitnehmer für diese ganze Branche, zunächst in ihrer Region, dann aber auch darüber hinaus in Land und Bund, mitverantwortlich fühlen. Daß dies aber nicht von oben verordnet werden kann, haben die real existierenden sozialistischen Experimente ausreichend deutlich gemacht. Auch reichen sicherlich nicht strukturelle Maßnahmen, wie sie hier vorgeschlagen werden, alleine aus, um eine solche verantwortungsvolle Zusammenarbeit „herzustellen“. Partnerschaft kann letztlich überhaupt nicht „gemacht“ werden. Allein wenn diese Einsicht im Zeitalter des „social engineering“ sich wieder durchsetzen würde, wäre bereits viel gewonnen.

Allerdings tragen strukturelle Maßnahmen und besonders persönliche Vorbilder ganz entscheidend dazu bei, daß es zu einer echten Sozialpartnerschaft in Wirtschaft und Gesellschaft kommen kann. Solche Maßnahmen bestehen aber im Aufbau von Berufsgemeinschaften, in denen Arbeitgeber und Arbeitnehmer im Bewußtsein der gemeinsamen Verantwortung für das Gemeinwohl zusammenarbeiten. Diese Berufsgemeinschaften bilden entweder dauerhafte oder vorübergehende Ausschüsse, in denen sämtliche Probleme und Aufgaben einer Branche gemeinschaftlich und zielorientiert besprochen und gelöst werden. Die Mitglieder der Ausschüsse setzen sich paritätisch aus erfahrenen und in der Berufsgemeinschaft anerkannten Arbeitgebern und Arbeitnehmern zusammen. Voraussetzung für eine sachorientierte Zusammenarbeit ist selbstverständlich eine gute Bildung der Beteiligten, die z.B. von den Berufsorganisationen ermöglicht werden könnte. Wichtig ist zugleich, daß die Mitarbeit in den Ausschüssen soweit irgend möglich ehrenamtlich erfolgt (was Ausfallentschädigungen nicht ausschließen muß), damit sich kein neuer Funktionärsapparat bildet, der sich von der Situation vor Ort entfernt.

Um sich ein grobes Bild dieser partnerschaftlichen Zusammenarbeit in einer Berufsgemeinschaft machen zu können, soll hier ein Beispiel angeführt werden. In der Berufsgemeinschaft Druckindustrie, sagen wir des Bezirks Mittelfranken, stehen Verhandlungen über Lohn- und Gehaltserhöhungen an. Wir nehmen absichtlich zunächst dieses Beispiel, weil es aus der heutigen Marktwirtschaft und der Tarifautonomie bekannt ist, in der sich der Staat auch bisher nicht betätigt. Im Unterschied zur derzeitigen Situation werden diese Verhandlungen in der reifen sozialen Demokratie nicht in erster Linie durch den Arbeitgeberverband Druck und die Gewerkschaft geführt, sondern durch Vertreter beider Gruppen, die einen entsprechenden Ausschuß der Berufsgemeinschaft Druckindustrie bilden. In einem überschaubaren Bezirk wie Mittelfranken entsendet jedes Unternehmen beispielsweise einen Arbeitnehmer und einen Arbeitgeber in den Ausschuß. Arbeitnehmer und Arbeitgeber kennen ihr jeweiliges Unternehmen, wissen um die wirtschaftliche Situation des Unternehmens, wissen aber auch um die Interessen der Arbeitnehmer, die angesichts steigender Preise für die Lebenshaltung einen Ausgleich benötigen. In einer solchen Situation, in der die Beteiligten sachlich über die Zusammenhänge informiert sind und die nicht von Machtinteressen beherrscht wird, sollte es verhältnismäßig leicht sein, eine Lösung zu finden, mit der die meisten Beteiligten zufrieden sein können. Tarifverhandlungen für größere Bereiche wie ganze Bundesländer mit Hunderten beteiligter Unternehmen sind völlig unangemessen und werden nur selten der Mehrheit der beteiligten Unternehmer und Arbeitnehmer gerecht. Daß dies durchaus zu unterschiedlichen Einkommen in der Druckindustrie Mittelfrankens und Südhessens führen kann, ist keineswegs ungerecht. Jeder bekommt das Seine, denn hier werden die unterschiedlichen regionalen Differenzen voll berücksichtigt und es kann sich auch ein echter Wettbewerb ergeben.

Lohn- und Gehaltsverhandlungen sind keineswegs der wichtigste Bereich der Arbeit der Berufsgemeinschaften. Die Aufgaben der Berufsgemeinschaften wurden bereits in den vorherigen Abschnitten erwähnt und gerade im Bereich des Wettbewerbsrechts, von dem Arbeitnehmer heute vollständig ausgeschlossen sind, werden diese in Aufgaben einbezogen, die ihnen helfen, wichtige wirtschaftliche Zusammenhänge zu verstehen und sie in die Verantwortung einbeziehen. Oder betrachten wir den Aufgabenbereich der Gesundheitsfürsorge. Der paritätisch besetzte Ausschuß der Berufsgemeinschaft Druck im Bezirk Mittelfranken organisiert für alle Unternehmen des Bezirks jährliche betriebsärztliche Untersuchungen und gründet eine eigene Krankenversicherung, die ebenfalls paritätisch verwaltet wird. Je mehr Beschäftigte der Bezirk Mittelfranken hat, desto niedriger können die Beiträge sein; Arbeitslose aus dem Bezirk müssen selbstverständlich mitfinanziert werden. Ein Arbeitsloser verursacht dadurch dem Unternehmen weiterhin Kosten, obgleich er keine Leistung für die Berufsgemeinschaft mehr erbringen kann. Allein dies und der sich daraus ergebende Druck durch die anderen Mitglieder der Berufsgemeinschaft sorgt für Vorsicht bei Entlassungen. Die Berufsgemeinschaft hat es gewissermaßen selbst in der Hand, wie hoch ihre Kosten für die Gesundheitsfürsorge sind und welche Leistungen sie bezahlt. Nur so besteht ein echter Wettbewerb zwischen den Versicherungen, bei denen man natürlich nur Mitglied werden kann, wenn man zu dieser Berufsgemeinschaft gehört.

Ähnliches gilt auch für die anderen Sozialversicherungsbereiche, insbesondere die Arbeitslosen- und Unfallversicherung, die auch auf unterster Ebene der Berufsgemeinschaft ansetzen. Die Rentenversicherung muß hingegen vermutlich auf der mittleren Ebene der Berufsgemeinschaften organisiert werden, ebenso wie bestimmte Bereiche der Gesundheitsversorgung, z.B. die Krankenhäuser. Universitätskliniken sollten auch weiterhin von seiten des Staates betrieben werden, da sie über die Versorgung hinaus insbesondere der Wissenschaft und Forschung dienen, bei der aber durchaus eine Beteiligung z.B. der Berufsgemeinschaft pharmazeutische Industrie denkbar wäre.

In allen diesen Bereichen, die ja die Mitglieder einer Berufsgemeinschaft unmittelbar betreffen und für ihre eigene Lebenssituation ganz entscheidend sein können, sind diese Mitglieder direkt miteinbezogen und mitverantwortlich. Sie geben diese Aufgaben nicht wie bisher an einen anonymen Staat ab, sondern organisieren wirklich alles, was zu ihrem Lebensbereich gehört, dezentral selbst. Die soziale Demokratie ist tatsächlich *die* dezentrale Organisation der Gesellschaft, über die seit Jahrzehnten, vor allem auch von der Partei „Die Grünen“, viel geredet wird, die aber aus persönlichen und gruppenspezifischen Machtinteressen nie in Angriff genommen wurde. Dezentral bedeutet nichts anderes als die Macht und Verantwortung an diejenigen ab- bzw. zurückzugeben, denen sie eigentlich zukommt. Wenn dies geschieht und die entsprechenden hier nur angedeuteten Strukturen, die nur das Prinzip verständlich machen sollen, realisiert werden, dann entsteht zumindest mittelfristig eine echte Sozialpartnerschaft, eine Partnerschaft der in der Gesellschaft Tätigen auf der Grundlage der ihnen zukommenden Verantwortung.

2.5 Leistungsprinzip und Gemeinwohl

Die soziale Bedeutung des Berufs ist durch den Individualismus mehr und mehr aus dem Blick geraten. So wurde der Beruf zum Job oder zu einer Möglichkeit der „Selbstverwirklichung“. Die soziale Demokratie stellt die gesellschaftliche Leistung der beruflichen Arbeit wieder in den Mittelpunkt. Berufliche Arbeit ist Dienst an der Gemeinschaft, zum Nutzen und zum Aufbau der Gemeinschaft; sie steht im Dienste des Gemeinwohls.

Die berufliche Leistung gliedert dabei zugleich den Menschen in das Ganze der Gesellschaft ein, und zwar zum Nutzen des Gemeinwohls als Ziel der Arbeit. Jeder Beruf verwirklicht ein bestimmtes Teilziel, ein Teilgut für die Gemeinschaft, ein Gut, das zum Aufbau und zur Verwirklichung des Gemeinwohls beiträgt. Diese Gliederung der Gesellschaft nach der beruflichen Leistung ist in einem gewissen Sinne nicht „gemacht“, sondern vorgegeben, sie ist „natürlich“, d.h. sie ergibt sich aus der Natur des Menschen als eines gesellschaftlichen Wesens, das notwendig auf die Gemeinschaft angewiesen ist. In sie gliedert sich der einzelne Mensch ein, sobald er in das Berufsleben eintritt und findet hier den Ort, wo er zum Glied der Gemeinschaft wird. Jedes Glied hat seine eigene Bedeutung und Notwendigkeit für das Ganze, ob als Unternehmer, Geschäftsführer, Abteilungsleiter, Angestellter oder Arbeiter. Deshalb überwindet die leistungsorientierte Berufsgemeinschaft die Zersplitterung der Gesellschaft in Klassen, Interessengruppen, Besitzende und Besitzlose, Arbeitgeber und Arbeitnehmer, Mittelstand und Großkonzern usw., denn allein die Leistung für das Gemeinwohl ist das Kriterium der Stellung innerhalb der Gesellschaft. In einer Berufsgemeinschaft gehören alle dem gleichen Beruf an, weil sie alle mitwirken – jeder an seiner Stelle – an der Erbringung der Leistung dieser Berufsgemeinschaft, die ihrerseits eingegliedert ist in die Gesamtgesellschaft und hingeordnet auf das Gemeinwohl. Oskar von Nell-Breuning hat deshalb auch die Berufsgemeinschaft als Leistungsgemeinschaft bezeichnet.

Die gesellschaftliche Leistung des Einzelnen wie auch der Berufsgemeinschaft ist zugleich aber auch die erste Verpflichtung jedes Gliedes der Gemeinschaft. Diese Verpflichtung ergibt sich aus der Gemeinwohlgerechtigkeit als dem regulativen Prinzip (*Quadragesimo anno*, Nr. 88). Die Verpflichtung jedes Einzelnen gegenüber dem Gemeinwohl muß durch geeignete Einrichtungen wirksam gemacht werden und diese Einrichtungen sind die selbstverwalteten Berufsgemeinschaften. Aus der Verpflichtung zur Leistung gegenüber der Gemeinschaft ergibt sich andererseits auch das Recht auf ein gerechtes Einkommen. Nur aus Pflichten erwachsen Rechte, und so ist auch hier das Recht auf Einkommen an die Pflicht zur Leistung gekoppelt. Dies bedeutet aber zugleich, daß niemand ein Einkommen zusteht, der keine Leistung erbringt (abgesehen von schwerkranken oder behinderten Personen, die zu einer Leistung nicht fähig sind). Aus der Leistungspflicht für alle Glieder der Gemeinschaft folgt auch noch ein weiteres Recht: *Das Recht auf Arbeit*. Das Recht auf Arbeit ist durchaus ein Naturrecht. Allerdings ist es ebenso richtig, daß dieses Recht nicht von Seiten des Staates umzusetzen ist, wie Linke und Gewerkschaften fordern, die alles Heil vom Staat erwarten, sondern zu den Verpflichtungen der Berufsgemeinschaften gehört. Jeder muß nach seiner Leistungsfähigkeit in die volkswirtschaftliche Leistungsgemeinschaft eingegliedert werden; dazu gehören auch Behinderte, die entsprechend ihrer Fähigkeit einen Platz in der Leistungsgemeinschaft bekommen müssen. Zu den Leistungen für die Gemeinschaft gehört selbstverständlich und in besonders hohem Maße die Leistung der Frau und Mutter in der Familie. Ohne diese Leistung, zu der die Haushaltsführung, die Pflege und Erziehung der Kinder gehört, ist keine Gesellschaft existenzfähig. Und diese Arbeit, diese wesentliche Leistung für das Gemeinwohl, kommt seit Menschengedenken in besonderer Weise und von Natur her der Frau zu. Wenn die Frauen sich ihrer Berufung wieder bewußt werden und in der sozialen Demokratie diese außerordentliche Leistung auch wieder die ihr gebührende Anerkennung erhält, ist schon fast allein damit die schlimme Geißel des liberalen Kapitalismus beseitigt: die Arbeitslosigkeit.

Das Leistungsprinzip als eines der grundlegenden Prinzipien der wirtschaftlichen Selbstverwaltung hat weitreichende Folgen auch in anderer Hinsichten. So folgt aus dem Leistungsprinzip, daß es nicht gestattet werden kann, allein durch Finanzspekulation Einkünfte zu erhalten. Die Organisation der soziale Demokratie läßt, wie noch später deutlicher wird, derartige Einkünfte ohne Leistung nicht zu.

Aus dem Leistungsprinzip der sozialen Demokratie folgt auch, daß der Leistungswettbewerb die bewegende Kraft der Wirtschaft ist. Hierin unterscheidet sich die sozialen Demokratie sowohl von der Planwirtschaft, als auch vom monopolistischen liberalen Kapitalismus. Dies schließt eine Wettbewerbsordnung ein, die es kleinen und mittleren Unternehmen ermöglicht, im Wettbewerb mit Großkonzernen zu bestehen. Der Wettbewerbsordnung kommt deshalb in der sozialen Demokratie eine zentrale Rolle zu, wie im folgenden Abschnitt ausführlicher dargelegt werden soll.

2.6 Wettbewerbsordnung *versus* freie Konkurrenz

Wirtschaftlicher Wettbewerb ist das Bestreben, gegenüber Anbietern der gleichen Ware oder Dienstleistung im Tauschverkehr durch Bereitstellung von besseren oder billigeren Gütern einen Vorteil zu erzielen (vgl. auch Messner 1934, 519). Die Vorteile, die ein Wettbewerber gegenüber Mitbewerbern erzielt, können ganz verschiedener Art sein. So können die bereitgestellten Güter besser, aber nicht teurer sein als die des Mitbewerbers, oder die Güter können bei gleicher Qualität billiger sein, oder die Herstellungskosten können günstiger sein, wodurch der Gewinn höher ist und vieles mehr.

Wirtschaftlicher Wettbewerb ist Teil der natürlichen Ordnung der Wirtschaft und darf deshalb nicht, oder nur in extremen Ausnahmesituationen eingeschränkt werden. Der Wettbewerb gehört zur Freiheit der Person ebenso wie das Recht auf Eigentum und das Erwerbsstreben.

Wir unterscheiden aber zwischen Wettbewerb und Konkurrenz. Unter Konkurrenz verstehen wir den ungeordneten oder durch staatliche Eingriffe geregelten Wettbewerb *als ordnendes Prinzip der Wirtschaft*. So liest man beispielsweise im Lexikon der Initiative „Neue Soziale Marktwirtschaft“ unter dem Stichwort „Wettbewerb“: „In einer Marktwirtschaft ist wirtschaftlicher Wettbewerb zentrales Lenkungs- und Ordnungselement.“ (vgl. http://www.insm.de/Lexikon/W/Wettbewerb.html). Die katholische Soziallehre lehnt demgegenüber den Wettbewerb als Lenkungs- und Ordnungsprinzip der Wirtschaft ab. Als Prinzip der Wirtschaft wurde von Papst Pius XI. die soziale Gerechtigkeit bezeichnet. So heißt es unter dem Punkt 88:

> „Noch eines wird erfordert, das mit dem vorigen eng zusammenhängt. So wenig die Einheit der menschlichen Gesellschaft gründen kann auf der Gegensätzlichkeit der Klassen, ebensowenig kann die rechte Ordnung der Wirtschaft dem freien Wettbewerb anheimgegeben werden. Das ist der Grundirrtum der individualistischen Wirtschaftswissenschaft, aus dem all ihre Einzelirrtümer sich ableiten: in Vergessenheit oder Verkennung der gesellschaftlichen wie der sittlichen Natur der Wirtschaft glaubte sie, die öffentliche Gewalt habe der Wirt-

> schaft gegenüber nichts anderes zu tun, als sie frei und ungehindert sich selbst zu überlassen; im Markte, d.h. im freien Wettbewerb, besitze diese ja ihr regulatives Prinzip in sich, durch das sie sich vollkommener selbst reguliere, als das Eingreifen irgendeines geschaffenen Geistes dies je vermöchte. **Die Wettbewerbsfreiheit - obwohl innerhalb der gehörigen Grenzen berechtigt und von zweifellosem Nutzen - kann aber unmöglich regulatives Prinzip der Wirtschaft sein.** Die Erfahrung hat dies, nachdem die verderblichen individualistischen Theorien in die Praxis umgesetzt wurden, bis zum Übermaß bestätigt. Daher besteht die dringende Notwendigkeit, die Wirtschaft wieder einem echten und durchgreifend regulativen Prinzip zu unterstellen. Die an die Stelle der Wettbewerbsfreiheit getretene Vermachtung der Wirtschaft kann aber noch weniger diese Selbststeuerung bewirken: Macht ist blind; Gewalt ist stürmisch. Um segenbringend für die Menschheit zu sein, bedarf sie selbst kraftvoller Zügelung und weiser Lenkung; diese Zügelung und Lenkung kann sie sich aber nicht selbst geben. **Höhere und edlere Kräfte müssen es sein, die die wirtschaftliche Macht in strenge und weise Zucht nehmen: die soziale Gerechtigkeit und die soziale Liebe!** Darum müssen die staatlichen und gesellschaftlichen Einrichtungen ganz und gar von dieser Gerechtigkeit durchwaltet sein; vor allem aber tut es not, daß sie zur gesellschaftspolitischen Auswirkung kommt, d.h. eine Rechts- und Gesellschaftsordnung herbeiführt, die der Wirtschaft ganz und gar das Gepräge gibt. Seele dieser Ordnung muß die soziale Liebe sein; die öffentliche Gewalt aber hat sie kraftvoll zu schützen und durchzusetzen, was sie um so leichter vermag, wenn sie sich jener Belastungen entledigt, die, wie oben dargelegt, ihr wesensfremd sind.“ (QA, 88, Hervorhebungen durch uns)

Wir haben diesen Abschnitt in voller Länge wiedergegeben, da er mit besonderer Deutlichkeit herausstellt, worin der Unterschied des Wettbewerbs in der sozialen Demokratie und im Liberalismus besteht. Selbstverständlich wird auch die planwirtschaftliche staatliche Lenkung der Wirtschaft verworfen, die den Wettbewerb als eine natürliche Grundlage der Wirtschaft, völlig ausschließen will.

Die freie Konkurrenz hat zu ungeheueren Ungerechtigkeiten geführt und ist in unserer Zeit verantwortlich für die schlimmen Folgen der Globalisierung. Die Idee der Globalisierung ist die weltweite und von jeder Ordnung möglichst befreite wirtschaftliche Konkurrenz, die jedes andere regulative Prinzip als das der freien Konkurrenz entschieden zurückweist. Diese liberale Idee, die sich mit der Menschenrechtsideologie verbündet und durchzusetzen versucht, ist zutiefst menschenverachtend und wird deshalb von der christlichen Soziallehre abgelehnt.

Der freie Wettbewerb ist nicht Selbstzweck, sondern soll dem Menschen dienen. „Die Ordnung des Wettbewerbes hat demnach den Sinn, die höchstmögliche Leistungsentfaltung des Einzelnen dem Gemeinwohl unterzuordnen" (J. Fellermeier, 1956, 179). Er sichert die Bereitstellung einer großen Vielfalt von Gütern und führt dazu, daß diese für die meisten Menschen erschwinglich werden und so den Wohlstand erhöhen. Der Zweck des Wettbewerbs ist das Gemeinwohl der Gesellschaft. Das regulative Prinzip der Wirtschaft ist die Gerechtigkeit und die soziale Liebe. Somit bedarf der Wettbewerb einer Ordnung.

Diese Ordnung des Wettbewerbs wird zunächst, wie es am Ende des Zitats von Pius XI. heißt, in ihren allgemeinen Richtlinien durch staatliche Gesetze geregelt. Die besondere Ausgestaltung dieser Gesetze erfolgt aber branchenspezifisch durch die Berufsgemeinschaften. Ihre Aufgabe besteht vor allem darin, einen echten Wettbewerb sicherzustellen und dadurch sowohl die Freiheit des Wettbewerbs als auch die Bindung desselben an eine Ordnung zu ermöglichen. Hierbei gilt das Grundprinzip: Soviel Freiheit wie möglich, so wenig Bindung wie nötig. Die Ordnung des Wettbewerbs hat somit zwei grundsätzliche Aufgaben: einerseits den Schutz des Wettbewerbs und andererseits die Beschränkung desselben im Sinne des Allgemeinwohls.

Letztere Aufgabe besteht vor allem darin, Einzel- und Gesamtinteresse in ein richtiges Verhältnis zu bringen, was in einer berufsgemeinschaftlichen Ordnung am besten möglich ist, denn hier stehen Einzel- und Gesamtinteresse unmittelbar in Verbindung. Der Einzelne empfindet die Schädigung des Gemeinwohls als seinen eigenen Schaden und ist schon deshalb an dessen Unterbindung interessiert. Zudem sind die Angehörigen einer Berufsgemeinschaft oft persönlich miteinander bekannt und sie verfügen, ganz im Unterschied zu Staatsbeamten, über das fachliche Wissen und über die Voraussetzungen und Methoden des Wettbewerbs in ihrem jeweiligen Gebiet.

Selbstverständlich geht dies nicht ohne eine gesunde moralisch-sittliche Qualifikation der Mitglieder der Berufsgemeinschaft. Diese bildet sich aber schon dadurch leichter in einer berufsgemeinschaftlichen Ordnung als in einer freien Konkurrenzwirtschaft, weil hier die Idee der Berufsehre eine bedeutende Rolle spielen wird.

Welche Aufgaben den Berufsgemeinschaften für die Wettbewerbskontrolle und –ordnung im Einzelnen zukommen, kann nur grob angedeutet und darf auch nicht theoretisch vorweggenommen werden, weil sich dies erst beim konkreten Aufbau der sozialen Demokratie herausstellen wird. An erster Stelle steht dabei zweifellos die Unterbindung des unlauteren Wettbewerbs, die trotz aller Gesetze in der liberalen Marktwirtschaft nur unvollständig gelingt. Zu nennen wären weiterhin eine auf Preisstabilität abzielende Marktpolitik. Auch in der sozialen Demokratie wird der Preis grundsätzlich auf dem Markt nach Angebot und Nachfrage gebildet. Aber man kann Angebot und Nachfrage selbst in einer Weise regulieren, freilich ohne direkte Eingriffe in das Preisgefüge, daß dadurch ein „gerechter Preis" entsteht, der den Erfordernissen des Gemeinwohls entspricht. Bei einem Mangel bestimmter Güter, der zu erhöhten Preisen führt, wären beispielsweise Erleichterungen für Firmengründungen in dieser Branche möglich, durch die das Angebot erhöht wird und der Preis fällt.

Überhaupt ist das wichtigste Mittel der Wettbewerbsordnung der Preis, oder wie Messner es sagt: „Wir fassen zusammen: der Ansatzpunkt der gesellschaftlichen Kontrolle zur Herbeiführung der Ordnung des Wettbewerbs ist der Preis" (1950, 796). Dazu gehört in unserer Zeit aber besonders das Verbot der Spekulation, beispielsweise an Rohstoffbörsen, die zu völlig verfälschten, spekulativen Preisen führen und ganze Wirtschaftszweige in die Krise stürzen können.

Auch eine gewisse Ordnung des technischen Fortschritts, der für die Arbeitnehmer, aber auch für schwächere Unternehmen unter bestimmten Bedingungen erhebliche negative Folgen haben kann, zu einer vom Gemeinwohl her gesehen organische Entwicklung (Messner, 1934, 522), könnte zu den Aufgaben der Berufsgemeinschaften gehören. Allerdings gilt für alle Aufgaben die Regel, daß die Freiheit nur soweit beschränkt werden darf, wie es für das Gemeinwohl unbedingt erforderlich ist. Deshalb lehnt z.B. Messner bereits 1934 entschieden „starre Produktionskontigentierungen, Rationalisierungsdrosselungen, Marktordnungen, Preistaxen und dergleichen“ (ibid) ab.

Angesichts des modernen Drangs zu immer stärkerer Konzentration in der Wirtschaft wird die wichtigste Aufgabe der Berufsgemeinschaften im Zusammenhang mit der Wettbewerbsordnung sein, einen echten Wettbewerb in vielen Bereichen überhaupt erst wieder zu ermöglichen. Die Berufsgemeinschaften können auf eine gesunde Größenordnung der Unternehmen und Betriebe einwirken und Megakonzerne verhindern. Selbstverständlich geht dies nicht durch eine starre Festlegung von Unternehmensgrößen. Dies könnte aber beispielsweise schon allein durch Einwirkung auf die Kreditpolitik geschehen, die mit zu den Aufgaben der berufsgemeinschaftlichen Selbstverwaltung gehört. Ohne massive Kredite, die die Leistungsfähigkeit von Unternehmen deutlich übersteigen, ist die Bildung von marktbeherrschenden Unternehmen und Einzelhandels- oder Dienstleistungsketten kaum möglich. Gerade im Bereich des Einzelhandels ist ein echter Wettbewerb heute kaum noch gegeben. Auch die strikte Kontrolle, Beschränkung oder das Verbot gemeinwohlschädlicher Finanzspekulation trägt zu einer Verbesserung des Wettbewerbs bei.

Die „Wahrung der Gleichmäßigkeit der Konkurrenzbedingungen für alle Glieder“ (ibid) einer Branche ist eine besondere Aufgabe berufsgemeinschaftlicher Wirtschaftspolitik. Dies geschieht nicht durch Festlegungen bestimmter Größenverhältnisse, sondern je nach Art der Konkurrenzverhältnisse durch eine Politik, die sich der Kräfte des Wettbewerbs selbst bedient. Hier könnte man daran denken, wirtschaftlich schwache Glieder zu stärken, z.B. auch durch genossenschaftliche Modelle, bis sie wieder in der Lage sind, im Wettbewerb mitzuwirken.

Im Mittelpunkt der berufsgemeinschaftlichen Wettbewerbskontrolle steht der Preis. Die Preiskontrolle der Berufsgemeinschaften muß in solchen Ausschüssen erfolgen, in denen alle vom Preismechanismus betroffenen Interessen zur Geltung kommen, um so die Preise in eine Bewegung zu den geringsten Produktionskosten und den „gesellschaftlich notwendigen

Kosten“ (Messner) zu bringen. Dieser „richtige“ oder „natürliche“ Preis muß nicht unbedingt der niedrigste Preis sein. So sind auch die Verbraucher (im weiten Sinne) mit in die Organe der Preiskontrolle einzubeziehen. Genau genommen ist freilich die gesamte Wirtschaftsgesellschaft an jedem Preis interessiert, weil dieser sich auf alle anderen Preise auswirkt. Insbesondere betroffen sind aber die Arbeitgeber und Arbeitnehmer der Branche sowie die Hauptabnehmer der Güter dieser Branche.

Zum Abschluß dieses Abschnitts noch einige Worte zu den Löhnen und Gehältern, die in der liberalen Marktwirtschaft auch dem Marktgeschehen überlassen werden. Die christliche Soziallehre lehnt eine Regulierung der Löhne und Gehälter durch den sogenannten freien Markt mit Entschiedenheit ab, weil die *Arbeit keine Ware* ist. Wie Leo XIII. sagt, ist Arbeit die einzige Quelle der Wertschöpfung. Aller gesellschaftliche Reichtum wird allein durch Arbeit geschaffen. Arbeit ist keine Ware, die man auf dem Markt frei aushandelt. Deshalb fordert die christliche Soziallehre den sozialen Leistungslohn für die Arbeit. Dieser entsteht aus der Leistung des Arbeitnehmers und dem Gemeinwohl. Das Gemeinwohl aber fordert für den Arbeitnehmer die Sicherung eines Lebensunterhaltes, der seinem Stand entspricht und nicht nur das Existenzminimum darstellt, sondern auch einen Anteil an den Gütern der Zivilisation und Kultur zuläßt, sowie die Gründung und Erhaltung einer Familie sowie die Bildung von Eigentum ermöglicht. Dabei ist selbstverständlich auch auf die Rentabilität der Wirtschaft zu achten. Unterschiedliche Löhne für Personen, die die gleiche Arbeit ausüben, sind im Blick auf das Gemeinwohl durchaus gerecht. Ein Junggeselle, der nur für sich selbst aufzukommen hat, wird einen geringeren Lohn für die gleiche Arbeit erhalten wie ein fünfundvierzigjähriger Arbeitnehmer mit einer sechsköpfigen Familie. In der berufsgemeinschaftlichen Ordnung wird dieser Unterschied aber nicht primär über eine unterschiedliche Besteuerung geregelt werden als vielmehr durch einen berufsgemeinschaftlichen Ausgleichsfond, durch den der Familienvater den höheren Lohn ausgezahlt bekommt.

3. Die berufsgemeinschaftliche Gliederung der Gesellschaft

Im nun folgenden Kapitel sollen der Aufbau der berufsgemeinschaftlichen Körperschaften und ihre Aufgaben und Kompetenzen, die bisher bereits angesprochen wurden, etwas eingehender vorgestellt werden. Eine konkrete Ausarbeitung des Aufbaus der Berufsgemeinschaften ist dabei aber nicht vorgesehen, da sich diese erst im Prozeß ihrer Verwirklichung zeigen werden. Sowenig wie die katholische Soziallehre eine Staatsform vorschreibt, sowenig gibt sie auch den konkreten Aufbau der subsidiären und gerechten Gesellschaft vor. Wichtig ist nur, daß die Grundprinzipien beachtet werden, die für den Aufbau einer gerechten und von sozialer Liebe getragenen Gesellschaft von Bedeutung sind. Wenn wir nachfolgend also etwas konkrete Vorschläge machen, dann sind diese nur als mögliche Vorschläge zu verstehen.

Wir beginnen mit einem Hinweis auf die Grundlage der Wirtschaft, den Familienbetrieb. Keine andere wirtschaftliche Gesellschaftsform hat unter der liberal-kapitalistischen Gesellschaft mehr zu leiden und keine andere ist mehr Benachteiligungen ausgesetzt als der Familienbetrieb; man denke nur an die zur Zeit (Sommer 2008) diskutierte sogenannte „Reform" der Erbschaftssteuer, die in höchstem Maße ungerecht ist.

Danach (4.2) wollen wir einen Blick werfen auf den organisatorischen Aufbau der wirtschaftlichen Berufsgemeinschaften für die unterschiedlichen Wirtschaftszweige und deren Gliederung in den verschiedenen Ebenen, wobei dazu bereits einiges in den vorherigen Kapiteln gesagt wurde.

In 4.3 wollen wir dann die Aufgaben der Berufsgemeinschaften noch einmal etwas ausführlicher betrachten, wobei auch die Macht der Berufsgemeinschaften vorgestellt werden soll, denn diesen kommt in der sozialen Demokratie das Recht auf eigene Gesetzgebung sowie Rechtsprechung und auch polizeiliche Gewalt zu, freilich ausschließlich innerhalb des Rahmens ihres jeweiligen Bereichs.

3.1 Der Familienbetrieb, Grundlage der wirtschaftlichen Ordnung

Die Grundlage einer gesunden wirtschaftlichen Ordnung ist immer der Familienbetrieb. Dies ist auch in Deutschland der Fall. Dazu nur einige Zahlen: 95% aller deutschen Unternehmen sind Familiengesellschaften. Diese erwirtschaften 41% aller Unternehmensgewinne und beschäftigen 57% aller sozialversicherungspflichtigen Mitarbeiter. Während die 30 führenden DAX-Unternehmen in der Zeit von 2002 bis 2006 156.000 Stellen abgebaut haben, haben Familienbetriebe in der gleichen Zeit 170.000 neue Arbeitsplätze geschaffen (Quelle: FAZ, vom 12.06.2008, S. 11).

Allein diese Zahlen machen die wirtschaftliche Bedeutung der Familiengesellschaften deutlich. Gleichzeitig wird diese Unternehmensform stiefmütterlich behandelt. In der sozialen Demokratie werden Familienbetriebe in allen wirtschaftlichen Bereichen vor allen anderen Unternehmensformen bevorzugt. Unter Umständen könnte dies auch durch eine eigene Gesellschaftsform für Familienunternehmen geschehen.

Gleichwohl muß gesagt werden, daß nicht die Gesellschaftsform an erster Stelle steht, sondern die Struktur des Unternehmens. Das Strukturmodell der berufsgemeinschaftlichen Ordnung im Wirtschaftsleben ist aber die Familie. Und dieses Strukturmodell kann in einer Aktiengesellschaft ebenso umgesettzt werden, wie in einem Familienbetrieb, wie ein Rückblick auf die fünfziger und sechziger Jahre des letzten Jahrhunderts deutlich macht.

Weitaus wichtiger als die von den linken Gewerkschaften und Parteien immer wieder geforderte betriebliche Mitbestimmung ist die Struktur des Unternehmens. Hierfür gibt es kein besseres Modell als das der Familie. Für heutige Ohren hört sich dies derart altmodisch an, daß man gleich an mittelalterliche Verhältnisse denkt. Man vergißt dabei, daß diese familiäre Struktur bei kleinen und mittelständischen Unternehmen – und selbst bei Großkonzernen wie Siemens – noch vor fünfzig Jahren fast selbstverständlich war, und das es auch heute nicht wenige Unternehmen gibt, die an dieser familiären Struktur festhalten und gerade dadurch besonders erfolgreich arbeiten. Ein Blick nach Japan genügt, um zu zeigen, daß nicht nur in Deutschland und anderen europäischen Ländern das familiäre Modell des Unternehmens durchaus erfolgreich ist. Die *Amerikanisierung der Wirtschaft* in den letzten Jahrzehnten hat dieses Modell als überholt erscheinen lassen, mit all den negativen Folgen, die in der amerikanischen liberalen Marktwirtschaft schon seit fünfzig Jahren und länger bekannt sind.

Die geschwisterliche Zusammenarbeit der Beschäftigten eines Unternehmens, zu der gegenseitige Unterstützung, Interesse füreinander, Teamgeist, Freude an der Leistung auch des Anderen und vieles andere mehr gehört, sowie die väterliche Haltung der Vorgesetzten und insbesondere des Unternehmers verhindern krankmachenden Streß, Konkurrenzdenken, Mobbing sowie die häufige Fluktuation der Mitarbeiter. Auf Dauer wird ein solches Unternehmen deutlich erfolgreicher sein als ein amerikanisiertes Unternehmen. Allerdings sind diese Hinweise auf die Unternehmensstruktur nicht ohne eine grundsätzliche ethische Neuorientierung möglich, zu der ganz besonders gehört, daß man sich nicht von kurzfristigen Erfolgen und Profitgier leiten läßt, wie dies heute, besonders in den multinationalen Aktiengesellschaften der Fall ist.

Der Hauptgrund für den Verfall der familiären Struktur, auch in zahlreichen mittelständischen Unternehmen ist, wie schon angedeutet, die Amerikanisierung der Wirtschaft. Unter diesem Begriff kann man verschiedene Erscheinungen zusammenfassen, die sich seit den frühen achtziger Jahren des 20. Jahrhunderts durchgesetzt haben. Dazu gehört der Ersatz der Volkswirtschaft durch die Betriebswirtschaft, die fast ausschließlich den individuellen Erfolg des Unternehmens in Rechnung stellt. Hinzu kommt eine kurzfristige Planung für das Unternehmen und die Erfolgsorientierung am Aktienkurs. Eine ständig steigende Umsatz- und Renditekurve führt zu einer aggressiven Markt- und Wettbewerbspolitik mit dem Bestreben, Mitbewerber auszuschalten oder zu übernehmen. Auf den Aufbau eines festen Mitarbeiterstabes auf allen Ebenen mit zahlreichen langjährig Beschäftigten und erfahrenen Mitarbeitern wird kein Wert gelegt; statt dessen gilt das Prinzip „hire and fire“, je nach Bedarf und Gewinnsituation. Weiterhin werden hierarchische Strukturen verflacht und sogenannte „Teams“ zusammengestellt, die aber, ganz im Unterschied zur familiären Struktur, keine wirkliche Brüderlichkeit zwischen den Mitgliedern aufkommen läßt. Die Steuerung der „Teams“ geschieht, v.a. auf mittlerer und höherer Ebene, durch Methoden der sogenannten „Gruppendynamik“ und mit Hilfe von „Moralkodizes“, deren „Moral“ natürlich ausschließlich betriebswirtschaftlich und zumeist konsequentialistisch ausgerichtet ist. Soziale Fürsorge des „Unternehmers“ für seine Mitarbeiter wird auf das Minimum beschränkt, das durch gewerkschaftlichen Druck erkämpft wurde. Da wirklich ausschließlich die Rentabilität des Unternehmens zählt, werden Zulieferer zu immer kostengünstigerer Lieferung genötigt, was nicht selten dazu führt, daß diese zeitweilig unter Herstellungskosten produzieren, nur um den Kunden nicht zu verlieren, oder es werden Produktionskapazitäten ins Ausland verlegt, ohne Rücksicht auf Mitarbeiter, die dadurch oft in Massen ihren Arbeitsplatz verlieren. Die Liste ließe sich beliebig verlängern. Im Mittelpunkt all dieser Erscheinungen steht aber die ausschließlich betriebswirtschaftliche Effektivität und eine konsequentialistische Ethik, die allein den Profit des Unternehmens als Maßstab kennt.

Daß dies in der Tat zu einem starken Wirtschaftswachstum geführt hat, zeigen die vergangenen dreißig Jahre in Deutschland, wozu allerdings zahlreiche andere Faktoren ebenso beigetragen haben. Ebenso sicher ist aber, daß die dauerhaft hohe Arbeitslosigkeit in allen europäischen Staaten sowie zahlreiche andere negative Auswirkungen, z.B. Mobbing, fehlende Freude an der Arbeit, Atomisierung und Entsolidarisierung usw. Folgen dieser Amerikanisierung der Wirtschaft sind. Auch die extreme Unsicherheit der Wirtschaftsentwicklung und die Schwankungen des Bruttoinlandsprodukts bei – im Vergleich zu früher – nur geringen Ursachen sind zu diesen Folgen zu rechnen und es steht zu befürchten, daß dieses System dauerhaft nicht zu bestehen vermag, da es zutiefst unmenschlich ist und den Zweck der Wirtschaft, das Allgemeinwohl, völlig unbeachtet läßt, das nur dann Berücksichtigung finden kann, wenn auch für das einzelne Unternehmen die volkswirtschaftliche Orientierung bestimmend ist.

Ohne Zweifel gab es auch in früheren Zeiten in Familienbetrieben, die eine familiäre Struktur aufwiesen, Mißbrauch und Ausbeutung und die familiäre Struktur des Unternehmens ist nicht die „heile Welt“, denn diese gibt es in unserer von der Erbsünde belasteten Welt ohnehin nicht. Außerdem geht es auch nicht um eine einfache Rückkehr zu den fünfziger Jahren des letzten Jahrhunderts, sondern um einen echten Fortschritt zu einer berufsgemeinschaftlichen Ordnung, deren Grundlage der Familienbetrieb bildet, der sich am Modell der Familie orientiert. Dazu ist vor allen gesetzlichen und administrativen Maßnahmen zunächst ein Umdenken bei den Unternehmern erforderlich, das meist erst dann einsetzt, wenn die bisherigen Strukturen schwere Krisenerscheinungen zeigen, die mit den bekannten Mitteln nicht mehr zu kontrollieren sind. Ansätze in diese Richtung sind in den letzten zehn Jahren bereits erkennbar; so beispielsweise das zunehmende Interesse von Unternehmen an Ethik. Doch der Ausbau der Wirtschaftsethik kann allenfalls der zweite Schritt sein, wenn die Ethik nicht auf einer echten Einsicht in das Wesen der Gesellschaft und der Wirtschaft beruht. Und das Wesen der Wirtschaft wie der gesamten Gesellschaft ist das Gemeinwohl, das sich nicht von selbst durch möglichst freie wirtschaftliche Möglichkeiten ergibt, sondern eines regulativen Prinzips bedarf, das in der Wirtschaft selbst nicht zu finden ist: der sozialen Gerechtigkeit und Liebe. Diese aber läßt sich nicht verordnen. Doch trägt der Umbau der Unternehmen zu familienähnlichen Strukturen dazu erheblich bei. Und dieser Umbau selbst kann durch ein von den Berufsgemeinschaften zu erarbeitendes Betriebsverfassungsgesetz und durch steuerliche und andere Vorteile für Familienbetriebe gefördert werden.

3.2 Aufgaben und Aufbau der berufsgemeinschaftlichen Körperschaften

Den Berufsgemeinschaften obliegt die Gesamtheit der zu ihrem Wirtschafts- oder Kulturbereich gehörenden Aufgaben. Deshalb sind die Berufsgemeinschaften verpflichtet, die Aufgaben, bzw. ihre Teilziele mit großem Ernst, Bereitwilligkeit und Entschlossenheit durchzuführen. Dies wird zu Beginn sicher nicht ohne Hilfe des Staates vonstatten gehen, der diese Aufgaben bisher zum größten Teil selbst übernommen hat.

Die Berufsgemeinschaft muß sich ihrer Stellung und ihrer Verantwortung gegenüber dem Gemeinwohl bewußt sein, was einschließt, daß sie das Gemeinwohl kennt, unter den Mitgliedern den Sinn für das Gemeinwohl weckt, entfaltet und vertieft. Nicht umsonst bezeichnet Papst Pius XI. in seiner Enzyklika *Quadragesimo anno* „die Mitwirkung zum allgemeinen Wohl des Gesamtvolkes" als die „bedeutsamste" Aufgabe der Berufsstände.

Dazu gehört auch die Kenntnis der Aufgaben der anderen Berufsgemeinschaften und Rücksichtnahme auf diese. Dies alles ist, wie schon mehrfach gesagt, nicht möglich ohne eine moralisch-sittliche Bildung der Mitglieder der Berufsgemeinschaften, die sich vom Egoismus des liberalen Individualismus verabschiedet. Dazu gehört auch die Weckung eines Gemeinschafssinnes und eines gesunden Stolzes bei den Mitgliedern einer Berufsgemeinschaft; früher nannte man dies sehr treffend Standesbewußtsein, was gewissermaßen das Gegenteil des feindschaftlichen „Klassenbewußtseins" ist.

Von ihrer rechtlichen Stellung her sind die Berufsgemeinschaften selbständige Körperschaften öffentlichen Rechts, aus der ihnen ein naturgemäßes Recht auf Selbstbestimmung und Selbstverwaltung erwächst. Dieses Recht darf ihnen von niemandem, auch nicht vom Staat, abgenommen werden, sofern sie ihren Aufgaben nachkommen, denn ihr Recht haben sie nicht vom Staat verliehen bekommen, da es sich um ein vorstaatliches Recht handelt, um Naturrecht. Sollte eine Berufsgemeinschaft ihren Verpflichtungen nicht vollständig entsprechen, hat der Staat selbstverständlich das Recht, diese Berufsgemeinschaft dazu zu zwingen; er darf ihr jedoch keineswegs die Aufgabe entziehen. Notfalls muß eine solche Berufsgemeinschaft umstrukturiert oder ihre Aufgaben zu einem Teil einer anderen Berufsgemeinschaft übertragen werden, die dieser hinsichtlich der Leistung nahesteht.

Es besteht eine Verpflichtung aller Teilnehmer einer gesellschaftlichen Leistungsgemeinschaft zur Mitgliedschaft in der jeweiligen Berufsgemeinschaft, wie dies ja heute bereits z.B. bei den Industrie- und Handelskammern der Fall ist. Aber auch dann, wenn man auf eine Zwangsmitgliedschaft verzichtet, sind alle Unternehmen der gleichen Leistungsgemeinschaft an die Beschlüsse, Verordnungen und Gesetze der Berufsgemeinschaft gebunden.

Die rechtliche Stellung der Berufsgemeinschaften entspringt der „naturgemäßen Ausstattung“ der bürgerlichen Gesellschaft (QA 83) und beruht auf drei Tatsachen:

1. Die verschiedenen Kultursachgebiete (Wirtschaft, Recht, Erziehung, Wissenschaft u.a.) sind selbständige Teilbereiche des Gesamtgemeinwohls, die jeweils eigenen Gesetzen unterstehen und ihre eigene Wirksamkeit haben.

2. Nur durch eine gemeinsame und geordnete Leistung können diese verschiedenen Kulturbereiche sich entfalten.

3. Darum ist es nach Papst Pius XI. „natürlich“ (QA 83), daß sich zur Förderung dieser Kulturwerte „wohlgefügte“ (ibid) gesellschaftliche Organe bilden. Die Eigenständigkeit und das Eigenrecht dieser Gemeinschaften übertragen sich deshalb notwendigerweise auf die Organe (vgl. auch Herders Sozialkatechismus, 1953, Bd. 2, S. 129).

Die Berufsgemeinschaften sind gesellschaftliche und nicht politische Körperschaften. Gleichwohl unterstehen sie dem Staat, sind diesem eingegliedert und verpflichtet, da die Aufgabe des Staates die Ordnung des Gesamtgemeinwohls ist, zu dem die gesellschaftlichen Körperschaften ihren Beitrag leisten. Trotz der Selbständigkeit der Berufsgemeinschaften hat der Staat damit auch Rechte und Pflichten gegenüber den Berufsgemeinschaften. Im allgemeinen werden drei grundsätzliche Rechte des Staates gegenüber den Berufsgemeinschaften genannt: Der Staat umschreibt erstens die Grenzen der berufsgemeinschaftlichen Selbstverwaltung; er koordiniert zweitens ihre Aufgaben und 3. er hat drittens das Recht auf Kontrolle und Aufsicht.

Nach diesen zusammenfassenden Vorbemerkungen zu den Aufgaben der Berufsgemeinschaften können wir uns nun diesen selbst zuwenden.

Grundsätzlich gilt, daß diese Aufgaben nicht in einem theoretischen Entwurf vorweg genommen werden können, sondern daß sie sich nach den verschiedenen Kultur- und Leistungsbereichen einer Gesellschaft richten müssen, um so den jeweiligen Verhältnissen in einem Lande gerecht zu werden. So heißt es denn auch in der Enzyklika des Papstes Pius XI: „Die Menschen haben das volle Recht und die volle Freiheit, eine Form nach ihrem Gefallen zu wählen, wenn nur der Gerechtigkeit und den Erfordernissen des Gemeinwohles Genüge geschieht." (QA, 86). Die Gliederung der Berufsgemeinschaften richtet sich vor allem nach dem Lebens- und Kulturbedarf der Gesellschaft und die Untergliederungen orientieren sich an den selbständigen Teilleistungen innerhalb einer abgeschlossenen Gesamtleistung (Herders Sozialkatechismus, 1953, Bd. 2, S. 139 ff.).

So lassen sich ganz allgemein im vorhinein zwei grundverschiedene Bereiche der gesellschaftlichen Leistung unterscheiden, die auch bereits mehrfach genannt wurden: die wirtschaftliche Berufsgemeinschaften und nichtwirtschaftliche Berufsgemeinschaften.

Den Bereich der Wirtschaft kann man grob einteilen in Produktion, Dienstleistung, Handel, Verkehrswesen, und Banken-, Versicherungs- und Kreditwesen. Der nichtwirtschaftliche Bereich umfaßt die Bereiche Wissenschaft und Forschung, Erziehung und Bildung, Medien (Verlage, Rundfunk- und Fernsehanstalten, Zeitungen und Zeitschriften), Gesundheitswesen, Rechtspflege, Kunst und Kultur. Selbstverständlich spielen auch hier wirtschaftliche Aspekte eine wichtige Rolle, wie man z.B. am Bereich Medien erkennt. Zudem sind die Übergänge oft fließend, besonders dann, wenn man bedenkt, daß die Berufsgemeinschaften zum größten Teil für das Gesundheitswesen verantwortlich sind.

Alle diese Bereiche lassen sich dann weiter grob unterteilen:

Zur Produktion gehören Landwirtschaft, Bergbau, Energieerzeugung, Maschinen- und Anlagenbau, Fahrzeugbau, Handwerk, Bauhandwerk und –

industrie, chemische und pharmazeutische Industrie, Computer- und Softwareindustrie, Druck und Papier usw.

In den Bereich Dienstleistung fallen alle Dienstleistungsunternehmen vom Friseur bis hin zur Werbeagentur. Der Bereich des Handels umfaßt Groß- und Einzelhandel, der eng verbunden ist mit dem Bereich Verkehrswesen (Logistik allgemein, Speditionen, Luft- und Bahnverkehr). Die anderen genannten Bereiche erklären sich weitgehend von selbst. Wissenschaft und Forschung werden weitgehend in staatlicher Hand bleiben und von den Universitäten geleistet. Diese müssen aber wieder zur vollen Selbstverwaltung zurückkehren, so daß der Einfluß des Staates auf ein Minimum beschränkt bleibt. Mehr anwendungsbezogene und technologische Forschung wird auch weiterhin von den Unternehmen selbst geleistet. Durch die viel engere Zusammenarbeit der Betriebe in berufsgemeinschaftlichen Körperschaften ist hier auch an eine gemeinsame Forschung und Entwicklung zu denken, die von den Berufsgemeinschaften gefördert wird. Der Bereich Bildung und Erziehung, soweit es sich nicht um die berufliche Bildung handelt, liegt in den Händen der Eltern. Während die Finanzierung der Schulen durch den Staat erfolgen kann, hat sich der Staat vollständig aus inhaltlichen Vorgaben herauszuhalten. Die derzeitige Situation der verstaatlichten Schule, in der der Staat die gesamten Inhalte bis ins Einzelne gehend ideologisch überfrachtet diktiert, ist eine Ungeheuerlichkeit und ein Verbrechen am natürlichen Recht der Eltern (vgl. Pius XI., Enzyklika *Divini illius magistri*). Allein diese Entziehung des Elternrechts, wie sie besonders in Deutschland üblich geworden ist und seinen Ursprung in der nationalsozialistischen Diktatur hat, genügt, um den heutigen deutschen Staat als totalitär zu kennzeichnen.

Wie weit sich die jeweiligen Bereiche aufgliedern, hängt von den Bedürfnissen der jeweiligen Leistungsgemeinschaften ab. Denkbar ist sowohl eine Berufsgemeinschaft Dienstleistung wie auch mehrere Berufsgemeinschaften, die verschiedene Dienstleistungsbereiche repräsentieren. Empfehlenswert ist allerdings eine möglichst weitgehende Aufgliederung, da dies wesentlich besser zur Identifikation mit der jeweiligen Berufsgemeinschaft beiträgt als sehr große Berufsgemeinschaften, die eine Vielzahl von Leistungen zusammenfassen. Besonders zu Beginn des Aufbaus der Selbstverwaltungsordnung in Wirtschaft, Kultur und Soziales sind kleinere Einheiten zu empfehlen. Zusammenschlüsse können dann später immer noch erfolgen.

Der Aufbau der Berufsgemeinschaften muß auf der untersten Ebene beginnen und von dort aus organisch wachsen. In einer mittelgroßen Stadt beispielsweise schließen sich die Handwerksbetriebe in den bereits bestehenden städtischen Handwerkskammer oder Innungen zusammen. Hier ist eine Gliederung z.B. in Elektro- und Metallhandwerkskammern, Bauhandwerk, Holzverarbeitung etc. möglich. In einer konstituierenden Vollversammlung werden die ersten Ausschüsse gebildet, die jeweils paritätisch mit Vertretern der Arbeitgeber und Arbeitnehmer besetzt werden. In einem Ausschuß wird eine allgemeine Satzung ausgearbeitet, die den gesamten Aufgabenbereich der Kammer ordnet und die dann in einer späteren Vollversammlung verabschiedet wird. Weitere Ausschüsse für Wettbewerbskontrolle, soziale Fragen (Gesundheitsfürsorge, Renten, Altenbetreuung, Arbeitslose etc.), Kultur, Aus- und Weiterbildung, Arbeitsrecht usw. decken alle Aufgaben der städtischen bzw. regionalen Innungen und Handwerkskammer nach und nach ab. Die Arbeit der Ausschüsse wird vorwiegend ehrenamtlich geleistet, wobei sicher einige feste Mitarbeiter in den Sekretariaten erforderlich sind, die die laufenden Aufgaben erledigen. Die Vollversammlung wählt sodann Vertreter für die nächsthöhere Ebene, das ist im Bereich der Handwerkskammer der Bezirk, in anderen Berufsgemeinschaft das Land. Die Bezirkshandwerkskammer bzw. die Landesberufsgemeinschaften bilden ihrerseits eine Delegiertenversammlung, aus der heraus die Ausschüsse gebildet und besetzt werden, die sich den Aufgaben zuwenden, die die Kräfte und Möglichkeiten der örtlichen Kammern übersteigen.

Wichtig ist ein organisches Wachstum von unten nach oben bei weitgehender Freiwilligkeit der Beteiligten, was zugleich bedeutet, daß solch eine gesellschaftliche Reform nicht in kurzer Zeit vonstatten geht, sondern sich über einige Jahre hinziehen wird.

Das Recht der Berufsgemeinschaften gründet im Naturrecht und ist somit das Recht einer vorstaatlichen Gemeinschaft und wird nicht erst durch den Staat verliehen. Vielmehr hat der Staat die Rechte der vorstaatlichen Gemeinschaften zu akzeptieren. Allerdings ist das Selbstverwaltungsrecht der Berufsgemeinschaften ausschließlich auf den inneren Bereich der Gemeinschaften beschränkt, bindet also nur die Mitglieder der Berufsgemeinschaft. Entsprechend dem Subsidiaritätsprinzip ist das Selbstverwaltungsrecht zudem gestuft. Die höheren Verbände haben das Recht der Leitung und Überwachung der niedrigeren Verbände und diese der einzelnen Mitglieder.

Die inhaltlichen Rechtsbefugnisse der Berufsgemeinschaften ergeben sich aus den Selbstverwaltungsaufgaben. Hier lassen sich sechs Rechtsbereiche unterscheiden (vgl. Messner, 1934, 37ff.):

1. Die Erarbeitung einer verbindlichen Satzung für die jeweilige Berufsgemeinschaft.

2. Bildungswesen, d.h. berufliche Aus- und Weiterbildung, einschließlich Fachhochschulen z.B. für die Ingenieure.

3. Sozialpolitik. Hierzu gehören, wie schon erwähnt, die verschiedenen Versicherungen, wie die Unfall-, Arbeitslosen-, Kranken-, und Rentenversicherungen, aber auch Gesetze zur Arbeitssicherheit, sowie Einrichtungen für Freizeitgestaltung, Urlaub und anderes mehr.

4. Richterliche Befugnisse kommen den Berufsgemeinschaften für ihren eigenen Selbstverwaltungsbereich zu, sofern es die Satzung und die anderen daraus folgenden Ordnungen betrifft, z.B. bei Verstößen gegen das Wettbewerbs- oder Arbeitsschutzgesetz der Berufsgemeinschaft. Selbstverständlich sind Fälle, die unter das Strafgesetz fallen, von der richterlichen Gewalt der Berufsgemeinschaften ausgeschlossen.

5. Auch eine Ordnungsbefugnis im Sinne einer polizeilichen Gewalt wird man den Berufsgemeinschaft nicht absprechen können, um mit diesem Mittel Störungen der inneren Ordnung schnell und effektiv zu beheben. Zu denken ist hier z.B. an die Aufgabe der Gewerbeaufsicht, die bisher fast überall vom Staat geleistet wird.

6. Endlich ist noch das Umlagenrecht zu nennen. Die berufsgemeinschaftlichen Selbstverwaltungskörperschaften haben das Recht, Beiträge zu erheben, durch welche die Organe und Ämter der Berufsgemeinschaften finanziert werden. Zu betonen ist auch an dieser Stelle, daß soviel wie nur eben möglich in ehrenamtlicher Tätigkeit zu verrichten ist und der Organisationsaufwand in der Berufsgemeinschaft möglichst gering gehalten werden muß.

Kommen wir nun noch auf die Tätigkeit der berufsgemeinschaftlichen Körperschaften zu sprechen. „Die Organisation des körperschaftlichen Verbandes ist die Regelung der Zugehörigkeit zu ihm und der Unterstellung der Glieder unter seine Ordnungsgewalt. Sie schafft die Voraussetzungen für sein Handeln als Verbandspersönlichkeit nach außen und innen.“ (Ibid) Dieses Handeln der Berufsgemeinschaft geschieht durch ihre Organe, denen eine zweifache Aufgabe zukommt: die Willensbildung der Berufsgemeinschaft und die Durchführung des Willens.

Für die Willensbildung gelten verschiedene Grundsätze. Zunächst der Grundsatz, daß bei der Willensbildung Leistung und Teilleistung ausschlaggebend sind und nicht die Zahl derer, die diese Leistung erbringen. Daher kann die Bildung wie auch das Wirken dieser Organe nicht auf dem einfachen Mehrheitsprinzip beruhen, denn dann hätten grundsätzlich die Arbeitnehmer die überragende Mehrheit der Stimmen. Daher ist bei der Bildung der Organe eine paritätische Besetzung sinnvoll.

Ein weiterer Grundsatz der Willensbildung in den Berufsgemeinschaften ist der, daß alle durch die gleichen Interessen verbundenen Gruppen an der Organ- und Willensbildung beteiligt werden müssen (Ibid, 51). Dies bedeutet z.B., daß Klein-, Mittel- und Großbetriebe in der gleichen Weise beteiligt sind wie Hilfs- und Facharbeiter oder Ingenieure, leitende Angestellte und Unternehmensinhaber.

Bei der Bildung von Ausschüssen, die nur bestimmte Gruppen betreffen, werden nur diese direkt betroffenen Gruppen die Organe bilden. In Fragen, die alle betreffen, müssen hingegen alle unterschiedlichen Gruppen in gleicher Weise beteiligt werden.

Die Organe der Berufsgemeinschaften selbst werden als Kammern bezeichnet. Deren oberstes Organ ist der Kammertag und diesem angeschlossen das Kammeramt. Der Kammertag ist die Vollversammlung aller Delegierten einer Berufsgemeinschaft. Die Gliederung der Kammern erfolgt, wie schon weiter oben gesagt, in Orts-, Bezirks-, Landes- und Bundeskammer. Ob eine Bundeskammer erforderlich ist oder eher zum Zentralismus und Bürokratismus verführt ist in der Literatur umstritten und wird sich beim Aufbau der Berufsgemeinschaften von selbst zeigen. Nur auf der untersten Ebene, also üblicherweise den Ortskammern, finden Urwahlen statt; alle höheren Organe werden durch Delegierte aus den unteren Kammern besetzt, die aus deren Mitte gewählt werden.

Für die volle Entfaltung der berufsgemeinschaftlichen Idee ist außer der sittlichen Bildung nichts wichtiger als das Entstehen einer echten Auslese hervorragender und selbstloser, allein am Gemeinwohl interessierter Personen. Letztlich sind es immer Menschen, von denen das Funktionieren einer Gesellschaft abhängt.

4. Weitere berufsgemeinschaftlichen Körperschaften

Bislang wurden in unserer Darstellung der berufsgemeinschaftlichen Selbstverwaltungsordnung vor allem die wirtschaftlichen Berufsgemeinschaften berücksichtigt. Die soziale Demokratie umfaßt aber den gesamten Bereich der Gesellschaft, also auch die außerwirtschaftlichen Bereiche, die bereits jetzt zum Teil nach dem Modell der Berufsgemeinschaft organisiert sind, wenn auch mit erheblich weniger Kompetenzen, als ihnen in der sozialen Demokratie zukommen.

Da sind zunächst die Körperschaften des Rechts zu nennen. Hierzu gehören die Anwaltskammern, sowie Kammern für Notare, Richter, Strafvollzugsbeamte und Staatsanwälte. Für einige dieser Berufsgruppen bestehen bereits gut funktionierende Berufsgemeinschaften, die zahlreiche Aufgaben, die in ihren Bereich gehören, selbstverwaltet ordnen, wenn auch in den vergangenen Jahren deren Kompetenzen eingeschränkt wurden. Es ist zweifellos zutreffend, daß diese Berufe sehr stark vom Staat abhängig sind und z. T. direkte Angestellte bzw. Beamte des Staates sind. Dies gilt nicht nur für die Staatsanwälte, sondern auch für Berufe wie den Polizeibeamten oder Verwaltungsbeamte des Bundes, der Länder und Gemeinden, für die berufsgemeinschaftliche Körperschaften noch geschaffen werden müßten. Dennoch gibt es auch für diese Berufe breite Bereiche, die sie ohne staatliche Eingriffe in eigenverantwortlicher Selbstverwaltung ordnen können und sollen. Das Modell dazu sind die Anwalts- und Notarkammern, die bereits seit sehr langer Zeit bestehen. Natürlich gibt es erhebliche Unterschiede zwischen den freien Berufen der Notare, Steuerberater und Anwälten und den Staatsbeamten im Strafvollzug oder in der Verwaltung, den Richtern oder Staatsanwälten, die beim Aufbau von Berufsgemeinschaften für diese Berufsgruppen zu berücksichtigen sind. Zugleich stehen diese Berufsgemeinschaften dem Staat beratend zur Verfügung und verhindern so eine Entfremdung der staatlichen Gesetzgebung von der praktischen Umsetzung.

Daß der Staat selbst keine eigene Berufsgemeinschaft bildet muß nicht eigens erklärt werden. Die Idee eines „Staatsstandes" entspringt totalitären Theorien eines Ständestaates, wie sie auch im Nationalsozialismus diskutiert wurden (vgl. Spann und andere Theoretiker des Ständestaates). Der Staat ist die Ordnung des Gesamtgemeinwohls und kein Teil der Gesellschaft. Wir erinnern hier nur an die Unterscheidung von Staat und Gesellschaft, aus der logisch folgt, daß der Staat keine Berufsgemeinschaft sein kann.

Weiterhin bilden auch die niedergelassenen Ärzte und Apotheker eine eigene Berufsgemeinschaft mit den entsprechenden Kammern. Gerade diese beiden Berufsgruppen haben in den letzten Jahrzehnten unter den zunehmend totalitärer werdenden liberalen Staat sehr gelitten. So sind die niedergelassenen Ärzte durch die radikalen Reglementierungen, die soweit gehen, daß ihnen vorgeschrieben wird, wie viele Medikamente sie verschreiben dürfen, heute faktisch Angestellte des Staates. Der derzeitigen kommunistisch ausgebildeten Bundesgesundheitsministerin Ulla Schmid geht das freilich noch nicht weit genug. Sie streben letztlich nach einer totalen Verstaatlichung des gesamten Gesundheitswesen. Aber auch Verordnungen und Gesetze der EU tragen das ihre dazu bei, die Rechte der Ärztekammern weiter einzuschränken. So entstehen seit einiger Zeit Unternehmen, die riesige Ärztezentren, ähnlich den Polikliniken aufbauen und dort eine große Anzahl verschiedener Fachärzte unterbringen, die nur noch Angestellte des Wirtschaftsunternehmens sind. Hinzu kommt eine Politik der Bundesärztekammer, die zu ihrer eigenen Entmachtung und Abschaffung beiträgt. Ähnliche Entwicklungen bahnen sich bei den Apothekern an, wo mehr und mehr Großkonzerne und Ketten den Markt zu übernehmen versuchen. Diese Entwicklung muß mit aller Entschlossenheit von Ärzten und Apothekern bekämpft werden, und der Staat muß in seine Schranken gewiesen werden; ein Eingriff in das vorstaatliche Selbstverwaltungsrecht ist nicht gestatten. Diese Entwicklung begann bereits mit der Errichtung eines Bundesgesundheitsministeriums in den siebziger Jahren des letzten Jahrhunderts und hätte ein Warnzeichen dafür sein können, daß sich der Staat des Gesundheitswesen bemächtigen will. Gesundheits*politik* ist ausschließlich Ländersache und alles andere gehört in die Selbstverwaltung der Berufsgemeinschaften. Dazu gehört freilich auch, daß die gewaltigen finanziellen Schwierigkeiten des Gesundheitswesens nicht auf den Staat abgewälzt werden dürfen, sondern von den Partnern im Gesundheitswesen, den Ärzten, Apothekern, Krankenhäusern und berufsgemeinschaftlichen Krankenkassen selbständig bewältigt werden. Dazu sind diese grundsätzlich erheblich besser in der Lage als der Staat, der keine wirtschaftliche Kompetenz besitzt. Zudem hat die direkte Einbindung der Berufsgemeinschaften den wichtigen Vorteil, daß notwendige Leistungskürzungen der Krankenkassen für die Arbeitnehmer nachvollziehbar und verständlich werden, und daß sie selbst über diese Kürzungen entscheiden, während ein verstaatlichtes Gesundheitswesen die Anspruchshaltung der Bevölkerung stetig erhöht.

Neben den bereits genannten Körperschaften wird es außerdem Wissenschafts- und Bildungskammern geben, in der die in Wissenschaft und Forschung tätigen Personen je nach Leistung zusammengeschlossen sind. Sinnvoll sind auf jeden Fall getrennte Berufsgemeinschaften für Natur- und Geisteswissenschaftler, da sich ihre Arbeit deutlich voneinander unterscheidet. Ob eine weitere Differenzierung zwischen Physikern, Chemikern, Biologen usw. sinnvoll ist, wird sich zeigen. Dabei sind in diesen Berufsgemeinschaften selbstverständlich nicht nur die Wissenschaftler selbst vertreten, dies wäre eine Berufsvereinigung wie die Deutsche Gesellschaft für Physik, sondern ebenso die wissenschaftlichen und nicht-wissenschaftlichen Mitarbeiter und Angestellten: Techniker, Verwaltungsangestellte, einfache Lehrkräfte, wissenschaftliche Hilfskräfte usw. Im allgemeinen werden die Mitglieder dieser Berufsgemeinschaften Beamte oder Angestellte des Staates, d.h. der Universitäten, sein. Obgleich die Universitäten vor allem vom Staat finanziert werden, ist hier auf die strikte Einhaltung der universitären Selbstverwaltung zu achten, was selbstverständlich einschließt, daß der Staat eine Aufsichts- und Kontrollfunktion ausüben kann. Eine Zusammenarbeit der in Wissenschaft, Forschung und universitärer Bildung Tätigen über die Universitäten hinaus ist auf jeden Fall sinnvoll, schon allein, weil dies die Zusammenarbeit der Wissenschaftler fördert. Zu den Aufgaben der Wissenschafts- und Bildungskammern gehören neben den berufsspezifischen Anliegen natürlich auch die Selbstverwaltung im Bereich der Sozialfürsorge und alle anderen Aufgaben, die für diese Leistungsgemeinschaft relevant sind.

Inwieweit die Hochschullehrer an den Fachhochschulen, die in der sozialen Demokratie im allgemeinen von den Berufsgemeinschaften selbst gegründet und unterhalten werden (abgesehen von Fachhochschulen für Sozialpädagogik, Heilpädagogik und ähnliche Bereiche, die zum größten Teil vom Staat oder den karitativen Organisationen betrieben und deshalb auch vom Staat gegründet, geleitet und finanziert werden) in die Wissenschafts- und Bildungskammern eingegliedert werden oder nicht, wird sich zeigen. Auf jeden Fall wäre für diese Berufsgruppe der Fachhochschulangestellten eine eigene Berufsgemeinschaft sinnvoll, da sich ihre Tätigkeit von der der Universitäten durch die starke Praxisorientierung und Abhängigkeit von der Wirtschaft deutlich unterscheidet.

Die Lehrer und die Beschäftigten an den verschiedenen öffentlichen, kirchlichen und privaten Schulen sind in einer eigenen Berufsgemeinschaft zusammenzuschließen. Hier ist zu überlegen, ob die Eltern, die naturrechtlich das alleinige Erziehungsrecht für ihre Kinder besitzen und dieses an die Schule delegieren, nicht ebenfalls Mitglieder der Schul- und Unterrichtskammern sein sollten. Es ist aber ebenso denkbar, daß die Eltern nur über die Selbstverwaltung der Schulen in das System der sozialen Demokratie eingebunden werden könnten.

Zu nennen sind noch Kammern für weitere freie Berufe wie freie Journalisten, Schriftsteller, freie Architekten sowie Künstler der verschiedenen Kunstgattungen. Ob für diese Berufsgruppen, die im allgemeinen durch einen starken Individualismus geprägt sind, eigene Berufsgemeinschaften zu gründen sind, hängt natürlich auch davon ab, ob sie dies selbst wünschen. Zwangsorganisationen sind in der sozialen Demokratie auf jeden Fall zu vermeiden, schon allein deshalb, weil sie nach kurzer Zeit zum Scheitern verurteilt wären.

5. Genossenschaften

Hatten noch bis zu den sechziger Jahren des 20. Jahrhunderts die Genossenschaften in verschiedenen Bereichen der Gesellschaft eine nicht unwichtige Bedeutung, ging diese seit den siebziger Jahren mehr und mehr zurück und ist heute allenfalls marginal. Hinzu kommt, daß das Verständnis dessen, was man heute noch als Genossenschaft bezeichnet, sich stark gewandelt hat und mit der ursprünglichen Bedeutung nur noch wenig Gemeinsamkeit aufweist. Die Genossenschaften sind heute weitgehend gewöhnliche Unternehmen in einer liberalen Marktwirtschaft.

Der Genossenschaftsgedanke selbst ist schon alt und wurde in der Genossenschaftsbewegung des 19. Jahrhunderts zu neuem Leben erweckt. Grundsätzlich versteht man unter einer Genossenschaft den Zusammenschluß von natürlichen oder juristischen Personen zu einem gemeinsamen Unternehmen. Dabei können die Teilnehmer an einer Genossenschaft in unterschiedlichem Maße beteiligt sein und infolgedessen auch nicht gleichberechtigt mit anderen Mitgliedern sein. Vorläufer der Genossenschaften gab es bereits in der Antike. Im Mittelalter bildeten sich dann Zusammenschlüsse sozial und wirtschaftlich schwacher Menschen z.B. zu dem Zweck, den Genossen ein angemessenes christliches Begräbnis zu finanzieren oder um einen Deich zu bauen. Auch im landwirtschaftlichen Bereich entstanden zu dieser Zeit bereits erste Genossenschaften, z.B. die Alpgenossenschaften zur gemeinsamen Nutzung der Weiden.

Als Begründer der modernen Genossenschaftsbewegung gilt Robert Owen (1771 – 1858). Aufgrund seiner Ideen wurde die erste eigenständige Arbeiter-Genossenschaft 1844 in Nordengland von 28 Arbeitern der dortigen Baumwollspinnereien gegründet. Weitere Genossenschaften, die zu dieser Zeit entstanden, waren Einkaufsgenossenschaften, die Nahrungsmittel in größeren Mengen einkauften, um sie dann an die Mitglieder unter den üblichen Marktpreisen zu verkaufen. Die ersten deutschen Genossenschaften werden fast zur gleichen Zeit von Friedrich Wilhelm Raiffeisen (1818 – 1888) und Hermann Schulze-Delitzsch (1808 – 1883) gegründet.

Waren die Genossenschaften zunächst vor allem Zusammenschlüsse zur Selbsthilfe sozial und wirtschaftlich benachteiligter Personen, so entwikkelten sich diese später auch in anderen Bereichen, besonders in der modernen Landwirtschaft. Hier entstanden beispielsweise Bauerngenossenschaften, die einen gemeinsamen Maschinenpark kauften, der nach bestimmten Regeln von den Genossen bei der Ernte eingesetzt werden konnte. Diese Genossenschaften bestanden oft noch bis in die achtziger Jahre des letzten Jahrhunderts und an ihnen läßt sich gut erkennen, wie es zum Verschwinden der Genossenschaften kam. Denn durch die massive Landflucht seit Ende der sechziger Jahre, entscheidend mitverursacht durch die Landwirtschaftspolitik der EWG und dem Ersatz der bäuerlichen Landwirtschaft durch die industriellen Nahrungsmittelproduktion, entstanden immer größere landwirtschaftliche Betriebe, die einen eigenen Maschinenpark profitabel und auch notwendig machten. Übriggeblieben sind heute noch einige Molkereigenossenschaften und die LPGs in der ehemaligen DDR, die aber eher als landwirtschaftliche Großbetriebe denn als Genossenschaften zu bezeichnen sind.

Grundsätzlich unterscheidet man zwei verschiedene Arten von Genossenschaften, nämlich Förder- und Produktionsgenossenschaften. *Fördergenossenschaften* sind Beschaffungs- und Verwertungsgenossenschaft einer Anzahl von Mitgliedern, die ein solches Unternehmen gemeinsam betreiben, um bestimmte Mittel zum Zweck der Erfüllung von Funktionen der Mitglieder bereitzustellen. Diese Mitglieder (z.B. private Haushalte) oder Trägerunternehmen nutzen die genossenschaftliche Leistung durch Abnahme der erworbenen Produkte oder durch Lieferung von solchen Produkten. Sie sind darüber hinaus Miteigentümer der Genossenschaft und deren Kapitalgeber.

Produktivgenossenschaften sind normale Unternehmen die durch Genossen gebildet werden, denen das Unternehmen gehört und die durch die Arbeit im genossenschaftlichen Betrieb ihr Geld verdienen. Hier ist also der Arbeitnehmer identisch mit dem Genossenschaftsmitglied. Diese Form der Genossenschaft findet sich z.B. bei den schon erwähnten LPGs oder in sogenannten „alternativen Betrieben“, wie sie in den siebziger Jahren in Westdeutschland entstanden sind und die z. T. heute noch bestehen.

Grundlage der Genossenschaften sind neben der wechselseitigen Förderung der Mitglieder vor allem Selbsthilfe, Selbstverantwortung und Selbstverwaltung, wodurch die Genossenschaften schon von ihrem Ansatz her ein wichtiger Bestandteil der berufsgemeinschaftlichen Selbstverwaltung bzw. der sozialen Demokratie sind.

Daher fördern die Berufsgemeinschaften die Gründung von Genossenschaften auf allen Gebieten, insbesondere für kleinere und mittelständische Unternehmen, die auf diese Weise den Wettbewerbsnachteil gegenüber Großkonzernen ausgleichen können. Hierzu gehören die Gründung von Genossenschaften in den Bereichen Landwirtschaft, Verbraucher, Kredit, Produktion und Absatz. Nach der Novellierung des deutschen Genossenschaftsgesetzes im August 2006 können jetzt auch Genossenschaften in kulturellen und sozialen Bereichen gegründet werden.

Obwohl es in Deutschland schon seit 1898 ein eigenes Genossenschaftsgesetz gibt (reformiert 1973 und 2006), haben Genossenschaften im Unterschied zur ersten Hälfte des 20. Jahrhunderts im wirtschaftlichen Leben praktisch kaum noch Bedeutung. Ursache dieser Entwicklung ist, wie schon am Beispiel der Landwirtschaft angedeutet, die Ideologie des Liberalismus, die zum Kampf jeder gegen jeden führt, und eine Zusammenarbeit verschiedener Unternehmen allenfalls in bestimmten Einzelbereichen und meist bilateral zuläßt. Hinzu kommt die massive Konzentration in der Wirtschaft durch Fusionen und Bildung von Kartellen und Unternehmensketten, die zunehmend kleinere Unternehmen verdrängen. Man denke nur an die sechziger Jahre, in denen es noch zahlreiche kleine Lebensmittelgeschäfte gab, die von einer Familie betrieben wurden und oft in Genossenschaften zusammengeschlossen waren. EDEKA war ursprünglich eine solche Lebensmittelgenossenschaft, die den gemeinsamen Einkauf für die angeschlossenen „Tante Emma Läden“ übernahm. Einige werden sich auch noch an die Coop Geschäfte erinnern, ein genossenschaftliches Unternehmen der Gewerkschaften zum günstigen Einkauf von Lebensmitteln, um die Preisvorteile an Arbeiter weitergeben zu können.

Aufgabe der Berufsgemeinschaften wird es sein, derartige Genossenschaften neu zu gründen und intensiv zu fördern, wobei zu Beginn auch steuerliche Hilfen durch den Staat erforderlich sind, um durch Vorteile für Kleinbetriebe die Macht der Großkonzerne zu brechen und einen echten Wettbewerb zu ermöglichen. Innerhalb der jetzigen EU, die eine radikale Liberalisierung der gesamten Wirtschaft betreibt, wird dies, wie auch die gesamte Idee der sozialen Demokratie, sicher nicht realisierbar sein, aber gegebenenfalls müssen die Bedingungen der Mitgliedschaft in der EU neu verhandelt werden oder Deutschland muß aus der EU austreten.

6. Arbeitgeber- und Arbeitnehmerverbände in der wirtschaftliche Selbstverwaltung

Arbeitgeber- und Arbeitnehmerverbände, Gewerkschaften sowie berufliche Fachverbände und derartige Vereinigungen sind grundsätzlich etwas anderes als Berufsgemeinschaften. Letztere sind öffentlich-rechtliche Körperschaften, keine Interessenverbände im eigentlichen Sinne wie die genannten Verbände, sondern wirtschaftliche Leistungsgemeinschaften, denen Arbeitnehmer und Arbeitgeber bei der Regelung gemeinsamer Angelegenheiten gleichberechtigt angehören und die alle zu einem Bereich gehörenden Aufgaben eigenverantwortlich in Selbstverwaltung regeln.

Die genannten Interessenverbände können aber, vor allem während des Aufbaus der Berufsgemeinschaften, in die Arbeit der Berufsgemeinschaften integriert werden. Dies birgt freilich große Gefahren, da die wirtschaftlichen, sozialen und kulturellen Interessenverbände eine ganz und gar andere Ausrichtung haben. Sie stehen zudem oftmals im Gegensatz zueinander, wie die Arbeitgeberverbände und die Gewerkschaften. Daher müssen sie bei der Mitarbeit im Aufbau der Berufsgemeinschaften zunächst dazu gebracht werden, nicht primär ihre jeweiligen Interessen durchzusetzen, sondern vor allem ihre Erfahrungen einzubringen, die für das Gemeinwesen eine große Bereicherung darstellen.

Die Interessenverbände werden aber keineswegs durch die Berufsgemeinschaften bzw. das System der sozialen Demokratie überflüssig. Sie können ihre Selbständigkeit behalten und ihren Aufgaben auch in einer sozialen Demokratie nachkommen. Sicherlich werden nämlich auch in der sozialen Demokratie nicht alle Interessengegensätze ganz von selbst verschwinden. Sie müssen allerdings im Rahmen der Normen der Gemeinschaft und in Ausrichtung auf das Gemeinwohl ausgetragen werden. So werden bei Tarifverhandlungen auch in der sozialen Demokratie Arbeitgeberverbände und Gewerkschaften bei Tarifverhandlungen beteiligt sein, wobei allerdings den Berufsgemeinschaften die Hauptaufgabe zukommt und sie die

Tarifverträge abschließen. Wichtig für sachgemäße und den wirtschaftlichen Verhältnissen angemessene Tarifverhandlungen ist besonders die Entideologisierung der Verbände und Gewerkschaften.

Während aber die Berufsgemeinschaften öffentlich-rechtlicher Natur sind, werden diese Verbände, Fachorganisationen und auch die Gewerkschaften nur privatrechtliche Organisationen sein. Dies ist sicherlich ein Unterschied zur Stellung der Gewerkschaften und Arbeitgeberverbände in der liberal-kapitalistischen Gesellschaft, wo sie teilweise eine quasi-öffentlich-rechtliche Stellung einnahmen. Dies zeigt sich besonders bei Tarifverhandlungen, wo sie heute Aufgaben erfüllen, die eigentlich den Berufsgemeinschaften zukommen. Die Mitgliedschaft in ihnen ist, wie bisher, freiwillig und das Recht zur Bildung von solchen Vereinigungen beruht auf der naturrechtlichen Vereinigungsfreiheit. Auch gilt, daß diese Verbände nicht ein Wesensbestandteil der sozialen Demokratie sind, wenn sie auch, wie schon gesagt wurde, weiterhin ihre Berechtigung haben. Dies muß betont werden, weil Arbeitgeberverbände und Gewerkschaften zum Wesensbestandteil der liberalen Wirtschaft gehören. In der sozialen Demokratie hat auch die Einheitsgewerkschaft durchaus einen Sinn, insbesondere wenn sie sich von den sozialistischen Ideologien löst und die Wahrung der wirtschaftlichen, sozialen und kulturellen Interessen der Arbeitnehmer als ihre ausschließliche Aufgabe betrachtet. Richtungsgewerkschaften sind dem Gemeinwohl und der Einheit der Gesellschaft mindestens ebenso abträglich wie die verschiedenen politischen und weltanschaulich ausgerichteten Parteien.

Darüber hinaus kommen den Gewerkschaften in der sozialen Demokratie aber auch weitere Aufgaben zu wie z.B. die Bildung der Mitglieder, die als Vertreter in den Berufsgemeinschaften und deren paritätischen Ausschüssen tätig sind. Diese Mitarbeit setzt eine gute Kenntnis der Wirtschaft voraus, vor allem Kenntnisse der Markt-, Produktions-, Kredit- und Konjunkturpolitik, die sie am besten durch eine Arbeitnehmer-Selbsthilfeorganisation – was die Gewerkschaften eigentlich sein sollten, erlangen können. Klassenkämpferisch ausgerichtete Gewerkschaften sind für eine solche Aufgabe aber sicher ungeeignet. Die allgemeine kulturelle, soziale, wirtschaftliche und politische Bildung für breite Kreise der Arbeitnehmerschaft ist eine ebenso sinnvolle Aufgabe der Gewerkschaften wie gegenseitige Hilfeleistung in Bereichen, in denen die Einrichtungen der Berufsgemeinschaften nicht, oder nur unzureichend tätig sind.

Ähnliches gilt übrigens auch für die Arbeitgeberverbände, denen ebenfalls die Bildung der Mitglieder obliegt, die in den Berufsgemeinschaften und deren Ausschüssen tätig sind. Es bleiben zudem weitere Aufgaben, die von den Berufsgemeinschaften nicht abgedeckt werden und die den besonderen Interessen der Arbeitgeber entsprechen.

7. Aktiengesellschaften und multinationale Großkonzerne

Die Aktiengesellschaft ist die für ein Wirtschaftssystem typische Gesellschaftsform, die auf Kapitalverwertung beruht (Johannes Messner). Im Mittelpunkt steht das Kapitalinteresse, das sich weitgehend verselbständigt hat, wobei die Unternehmensführung sich fast ausschließlich von diesem Interesse leiten läßt. Diese Unternehmensform entstand in den siebziger Jahren des 19. Jahrhunderts im Zusammenhang mit der Industrialisierung und dem erhöhten Kapitalbedarf der Unternehmen.

Zweifellos ist die moderne, internationale und globalisierte Wirtschaft ohne weltweit operierende multinationale Großkonzerne, die üblicherweise nur als Aktiengesellschaften bestehen können, nicht denkbar. Man kann natürlich die Frage stellen, ob wir eine solche Wirtschaft wirklich brauchen. Wer darauf mit „Nein" zu antworten geneigt ist, sollte bedenken, daß dies eine deutliche Einschränkung des heutigen Wohlstands zur Folge hätte, zu der man dann auch bereit sein sollte. Ein heutiger deutscher Sozialhilfeempfänger hat im allgemeinen einen materiellen Lebensstandard, der dem eines Fürsten im Mittelalter übertrifft. Und leider sind nur sehr wenige Menschen heute bereit, auf all diesen Komfort zu verzichten, und sich mit dem Notwendigsten zu bescheiden. Deshalb werden wir hier nicht für radikale Forderungen nach einer Abschaffung der multinationalen Großkonzerne plädieren, sondern einen realistischen Weg aufzuzeigen versuchen, wie deren Macht und Einfluß, der oftmals größer ist als der mittlerer Industriestaaten, eingegrenzt werden kann, indem diese Konzerne in die Ordnung der Berufsgemeinschaften integriert werden. Wirtschaftliche und politische Macht müssen nämlich nicht unbedingt verbunden sein.

Daß die Eingrenzung des Einflusses der Multis notwendig ist, ergibt sich alleine schon dadurch, daß es besonders diese Konzerne sind, die heute Träger der liberalen Ideen der französischen Revolution und der sogenannten Aufklärung sind. Hinter den meisten Initiativen der Europäischen Union, die auf eine Zerstörung der Grundlagen der bürgerlichen Gesellschaft, des Naturrechts und des Staates hinauslaufen, stehen die Interessen multinationaler Konzerne. Die Auflösung der traditionellen Ehe durch die Gleichstellung homosexueller Partnerschaften, die Zerstörung der Familie durch Verstaatlichung der Kindererziehung, wie die verhängnisvolle Ideologie der Gleichheit, die massiven Angriffe auf die Grundprinzipien einer wahrhaft gerechten und naturgemäßen Gesellschaftsordnung, insbesondere auf das Subsidiaritätsprinzip, die Vernichtung aller geschlechtlichen, kulturellen, historischen, regionalen und nationalen Unterschiede und Besonderheiten, nutzt allein diesen Konzernen, die so alle Menschen in gleicher Weise in den Produktionsprozeß integrieren, und zu willigen Konsumenten erziehen können. Zur Durchsetzung der weltweiten wirtschaftlichen und ideologischen Interessen dient die Menschenrechtspropaganda, an die sich die Konzerne selbst kaum gebunden fühlen, wenn sie ihren eigenen Interessen zuwider laufen; man denke hier nur an die Ausbeutung der Kinderarbeit durch solche Unternehmen.

Ein zentrales Problem dieser Unternehmensform ist das zumindest sehr stark gestörte, wenn nicht fehlende gesellschaftliche Verantwortungsbewußtsein multinationaler Großkonzerne, die sich gerade durch weitgehende Bindungslosigkeit auszeichnen. Alle Mitarbeiter, vom obersten Manager bzw. Leistungsteam über den Aufsichtsrat bis zu den einfachsten Hilfsarbeitern, sind Angestellte des Unternehmens. Aber ebenso sind die eigentlichen Inhaber der börsennotierten Aktiengesellschaft, zu denen natürlich auch die Mitarbeiter gehören können, nur durch den Aktienbesitz mit dem Unternehmen verbunden, den sie jederzeit abstoßen können, um sich so möglicher Verantwortung zu entziehen. Gerade in den letzten beiden Jahrzehnten, in denen der Aktienhandel enorm zugenommen hat und zu einem echten globalen Markt entwickelt wurde, hat das ausschließliche Starren auf den Aktienkurs die Entwicklung zu verantwortungslosem Handeln noch deutlich weiter verschärft. Da die Dividende an Bedeutung verloren hat, dient allein der aktuelle Aktienkurs und damit die Spekulation weltweit agierender Börsenhändler und Fondsgesellschaften als fast ausschließlicher Orientierungspunkt. Dies hat zu einem sehr kurzfristigen Denken der Manager geführt, die möglichst alle Maßnahmen zu vermeiden suchen, die zu einer Senkung des Aktienkurses führen könnten, wozu z.B. sogar notwendige Investitionen gehören. Maßnahmen wie Massenentlassungen trotz guter Bilanzergebnisse werden hingegen mit deutlichen Kursgewinnen belohnt. Diese Probleme entstehen besonders durch die massiv zugenommene Aktien- und Finanzmarktspekulation, die heute den größten Teil des Börsenhandels ausmacht. Bei dieser Spekulation werden nicht selten am gleichen Tag Aktien von ein- und demselben Spekulanten gekauft und verkauft. Die Aktie ist damit zu einem vollkommen selbständigen Produkt geworden, das von dem, was sie repräsentiert, ganz unabhängig ist. Bestimmte Berechnungen gehen davon aus, daß mehr als 90% des Weltbruttosozialprodukts heute nicht, wie man erwarten sollte, durch Arbeit und Produktion erzeugt werden, sondern durch Finanzmarktspekulationen. Daß dies auf Dauer nicht zu stabilen wirtschaftlichen Verhältnissen führen kann, zeigt ein Blick auf die jüngste Krise des Finanzmarktes nach dem Zusammenbruch der Immobilienspekulation in den USA. Daß eine an sich so harmlose Entwicklung wie eine Immobilienkrise schwere Auswirkungen auf die gesamte Weltwirtschaft hat, zeigt die Instabilität dieses Systems, daß sich von der realen Wirtschaft um Lichtjahre entfernt hat. Ähnliches gilt für den islamistischen Terroranschlag auf das World Trade Center am 11. September 2001, der zu einer weltweiten Rezension führte.

Das Hauptproblem der multinationalen Großkonzerne besteht aber nicht in erster Linie in den genannten Sachverhalten, sondern in der gewaltigen Machtballung in den Händen weniger Konzernleiter. Diese Macht übertrifft nicht selten die politische Macht, die so erpreßbar wird, um die Interessen dieser Konzerne durchzusetzen. Eine Folge dieser Machtkonzentration in den Händen von Wirtschaftsunternehmen ist der moderne Lobbyismus, der heute in den modernen postindustriellen Gesellschaften und besonders in der Europäischen Union der beherrschende Faktor ist. Nach dem zweiten Weltkrieg wußte man noch um die Gefahren einer zu großen Machtkonzentration in der Wirtschaft, was dazu führte, daß man einige der größten Konzerne in Deutschland entflochten hat; als bekanntes Beispiel sei hier der IG-Farben-Konzern angeführt, der in drei Unternehmen aufgeteilt wurde. Jedes dieser drei Unternehmen ist heute um ein vielfaches größer als der damalige Konzern.

Doch die gewaltige Machtkonzentration, die aus der Kapitalmacht erwächst, hat nicht nur Auswirkungen auf die Politik, sondern auch auf die gesamte Wirtschaft. Hier seien nur die Betriebsübernahmen und Aufkäufe angeführt, durch die Konkurrenten aus dem Feld geschlagen werden und gesunde mittelständische Unternehmen ihre Selbständigkeit verlieren. Die Kartellämter greifen erst dann ein, wenn ein Großkonzern durch solche Übernahmen eine marktbeherrschende Stellung erhält. In den letzten Jahren werden aber selbst solche Fusionen und Aufkäufe nicht selten mit dem Hinweis auf den internationalen Wettbewerb akzeptiert.

Neben einem deutlich verbesserten Aktienrecht, das insbesondere die *vollständige* Offenlegung des Geschäftsverlauf zum Ziel haben muß und bei dem so weit wie möglich der Mißbrauch auszuschließen ist, kommt deshalb der Eingrenzung der Macht der Großkonzerne in der Selbstverwaltungswirtschaft eine entscheidende Bedeutung zu. Beides sind vor allem Aufgaben der Berufsgemeinschaften, wobei der Staat, so beim Aktienrecht, die Leitlinien vorgibt. Die Differenzierung des Aktienrechts für die einzelnen Berufsgemeinschaften (Branchen) sowie die Kontrolle und Überwachung desselben ist dann die Aufgabe der berufsgemeinschaftlichen Körperschaften. Hierzu sind eigene Ausschüsse, z.B. Kartellausschüsse, zu gründen. Weiterhin scheint es sinnvoll, daß die Konzernleitung und deren Angehörige keine Aktien des eigenen Unternehmens besitzen dürfen, oder durch Aktienanteile für Leistungen belohnt werden. Die exorbitanten Einkünfte verschiedener Konzernchefs beruhen im allgemeinen auf solchen Prämien, die aber zu Mißbrauch verleiten und nicht das Gemeinwohl im Auge haben, sondern nur den kurzfristigen Aktienkurs.

Weiterhin ist die Einführung einer persönlichen Haftung und Verantwortlichkeit der Leitung der Aktiengesellschaften, also der Konzernleitung, des Managements und des Aufsichtsrats erforderlich. Das Management verwaltet fremdes Kapital und muß deshalb auch für Fehlentscheidungen geradestehen. Es ist nicht hinzunehmen, daß Manager, die ein Unternehmen in die roten Zahlen geführt haben, bei ihrer Entlassung auch noch mit zweistelligen Millionenbeträgen abgefunden werden. Die genaue Festlegung der Verantwortlichkeit der Leitung, des Vorstandes und des Aufsichtsrats ist eine der ersten Aufgaben des berufsgemeinschaftlichen Aktienrechts. Zur Offenlegung der Bilanzen und des Geschäftsverlaufs der Konzerne werden Rechnungsprüfer der Berufsgemeinschaften eingesetzte. Überhaupt muß das Prinzip möglichst weitgehender Durchsichtigkeit und Öffentlichkeit das Leitprinzip der Aktiengesellschaften sein. Dies ist schon deshalb angebracht, weil es sich um öffentliche Gesellschaften handelt, an denen jeder Anteile erwerben kann.

Eine weitere Maßnahme der Machteingrenzung multinationaler Konzerne besteht in der Dezentralisierung. Da Konzerne verschiedene Unternehmen zu einem Großunternehmen unter einer einheitlichen Geschäftsführung zusammenfassen sind deren Produktions- und Arbeitsstätten oft über ein oder mehrere Länder verteilt. Dezentralisierung läßt sich dadurch erreichen, daß in der lokalen oder regionalen Berufsgemeinschaft immer nur die jeweilige Konzernniederlassung Mitglied ist, die zugleich das Recht erhält, relativ selbständig zu entscheiden und zu handeln, wenn auch nach allgemeinen Leitlinien des Konzerns.

Ein anderes Mittel zur Verhinderung des weiteren Wachstums von Großkonzernen besteht in der Begrenzung der Kreditvergabe, die in der sozialen Demokratie der Kontrolle der Berufsgemeinschaften untersteht. Dazu werden wir später mehr sagen. Durch gesetzliche Maßnahmen kann zudem eine Regulierung der Kapitalisierung der Gewinne der Großkonzerne erreicht werden, wodurch zu hohe Dividenden verhindert und das Unternehmen zu Investitionen oder zur Schaffung neuer Arbeitsplätze gezwungen wird. Eine hohe Kapitalisierung der Gewinne schließt die Gesellschaft vom Erfolg des Unternehmens aus; angesichts des Grundprinzips der sozialen Demokratie, des Gemeinwohls, sind deshalb derartige Eingriffe bei großen Aktiengesellschaften erlaubt. Mit solchen Maßnahmen werden zudem asoziale Erscheinungen, wie sie in den vergangenen Jahren häufig zu beobachten sind, verhindert, wenn nämlich Unternehmen trotz guter Gewinne Massenentlassungen durchführen.

Eine der wichtigsten Maßnahmen der sozialen Demokratie ist allerdings die massive Eingrenzung der Finanzspekulation und der damit verbundenen schwerwiegenden und die das Gemeinwohl schädigende Kapitalvernichtung. Die durch den Zusammenbruch der Immobilienpreise in den

USA verursachte weltweite Finanzkrise – ausschließlich eine Folge der Finanzspekulation – hat allein in Deutschland eine Kapitalvernichtung von etwa 84 Milliarden Euro verursacht; das sind 1000 Euro pro Einwohner (FAZ vom 18. August 2008). Mit großer Wahrscheinlichkeit wird die liberale Weltwirtschaft und damit auch die Ideologie des Liberalismus in den nächsten Jahrzehnten an einer Finanzkrise zugrunde gehen, und leider wird wohl erst danach das Modell der sozialen Demokratie eine realistische Chance bekommen. Wenn der Reichtum der postindustriellen Gesellschaften, besonders der Reichtum der meisten Milliardäre, auch im wesentlichen durch Spekulation zustande gekommen ist, so steht dieser Reichtum auf völlig unrealistischen und, wie der Name schon sagt, spekulativen Fundamenten, die zudem auf Kosten des größten Teils der Weltbevölkerung erzielt werden. So wie das Glücksspiel moralisch verwerflich ist und gegen das Naturrecht verstößt, so auch die ausufernde Finanzspekulation. Sie muß deshalb in der wirtschaftlichen Selbstverwaltungswirtschaft auf ein realistisches Maß zurückgeführt werden. Ein völliges Verbot der Spekulation ist zweifellos falsch und übersieht die zweckdienliche Funktion derselben. Jeder private Geldgeber spekuliert in einem gewissen Maße und schätzt Gewinn- und Verlustmöglichkeiten ab. Die Börsen- und Finanzmarktspekulation befaßt sich mit Risiken, die auf den Kapital- und Warenmärkten bestehen, wobei diese Risiken selbst zum Gegenstand des Handels gemacht werden, aber dies zur Erzielung privater Profite. Dagegen ist innerhalb eines begrenzten Rahmens nichts einzuwenden, da diese Risiken von den Spekulanten in den jeweiligen Märkten selbst getragen werden. Zudem wird dadurch den Unternehmen ein Teil des spekulativen Risikos abgenommen und sie können das verbliebene Risiko besser beurteilen. Die entscheidende Frage in diesem Zusammenhang ist aber, in welchem Rahmen die Spekulation der Wirtschaft und dem Gemeinwohl dienlich ist und wo deren Grenzen sind. „Über das Prinzip selbst kann jedoch kein Zweifel bestehen: daß die Börsenspekulation sittlich gerechtfertigt ist, soweit sie eine Funktion als Forum sozialwirtschaftlich zweckdienlicher Spekulation erfüllt, und sittlich verwerflich, soweit sie sich sozialwirtschaftlich schädlich auswirkt“ (J. Messner, 1950, 777). Wo diese Grenze exakt liegt, kann nicht im voraus klar definiert werden. Es ist Aufgabe des Staates und besonders der Berufsgemeinschaften, die Bedingungen zweckdienlicher Spekulation in den jeweiligen Branchen festzulegen und entsprechende Gesetze gegen die Spekulation zu erlassen. Eine Spekulation, die sich vom eigentlichen Gegenstand löst, also vom Unternehmen oder den Waren, und allein um der Spekulation selbst willen geschieht, ist sittenwidrig und deshalb zu verbieten. So sind die sogenannten Hedgefonds als reine Spekulationsfonds in jeder Form zu verbieten. Alle reine Spekulation, die zudem noch den Kapital- und Warenmarkt direkt zu beeinflussen versucht, um bestimmte Werte zu erzielen, die den realistischen Werten nicht entsprechen, ist zu verbieten.

Daß die Börse wie in Deutschland und in den meisten modernen Gesellschaften selbst eine Aktiengesellschaft ist, gehört zu den Verrücktheiten des Liberalismus und trägt ganz entscheidend zu den heute üblichen gemeinwohlschädigenden Spekulationen bei. Selbstverständlich plädieren wir nicht für eine Verstaatlichung der Börse sondern auch hier, wie in vielen anderen Fällen, für die Einrichtung einer öffentlich-rechtlichen Börse unter Leitung und Kontrolle eines Ausschusses der Bundeswirtschaftskammer, also der Berufsgemeinschaften auf Bundesebene. Die Wirtschaft hat das Recht, eine so wichtige Institution wie die Börse selbst zu leiten und zu kontrollieren und sie von den primären Profitinteressen einer Aktiengesellschaft, wie sie eine Deutschen Börse AG verfolgt, freizuhalten.

Zum Schluß noch einige kurze Bemerkungen zu den Kartellen. Ein Kartell im Sinne des Kartellrechts ist eine Vereinbarung oder eine aufeinander abgestimmte Verhaltensweise zwischen Unternehmen mit dem Ziel oder mit dem Effekt, den Wettbewerb zu beschränken, zu verfälschen oder zu verhindern. Kartellunternehmen bleiben dabei rechtlich selbständig, geben aber, je nach Art des Kartells, einen Teil ihrer wirtschaftlichen Selbständigkeit freiwillig auf. Diese Vereinbarungen zielen oft darauf ab, den Wettbewerb untereinander einzuschränken oder aufzuheben. Kartelle sind in Deutschland und in Europa im allgemeinen verboten. Kartellbildungen werden durch staatliche Behörden untersucht, verfolgt und bestraft. In der Selbstverwaltungswirtschaft kommt diese Aufgabe den Berufsgemeinschaften zu. Die bisherigen Kartellgesetze sind nicht streng und konsequent genug, so daß es international operierenden Konzernen auch dauerhaft gelingt, Kartelle zu bilden, ohne daß es den Kartellbehörden möglich ist, dagegen vorzugehen. So ist selbst für den Laien erkennbar, daß zwischen den großen Mineralölkonzerne kartellartige Verbindungen bestehen und keine echte Konkurrenz mehr gegeben ist.

Es kann nicht unsere Aufgabe sein, alle Probleme zu behandeln, die mit den großen Aktiengesellschaften und multinationalen Großkonzernen zusammenhängen. Es sollten nur einige Richtlinien aufgezeigt werden, wie deren Einfluß, der sich heute besonders auch politisch bemerkbar macht, eingedämmt werden kann. Gerade hier hat sich gezeigt, daß der liberale Staat dazu völlig unfähig ist und erst die soziale Demokratie die Macht dieser Konzerne zu bändigen weiß. Allerdings sei hier auch gesagt: Viele der vorgeschlagenen Maßnahmen sind nur durch internationale Vereinbarungen umsetzbar. Da es dafür angesichts der heutigen Wirtschaftsmacht keine Mehrheiten gibt, sind sie nur durch die Erhaltung bzw. die Rückkehr zur nationalen Souveränität realisierbar. Dies bedeutet aber, daß Deutschland, wenn es jemals zu einer Mehrheit für die soziale Demokratie kommen sollte, notfalls im nationalen Alleingang und durch Austritt aus der EU und anderen Organisationen (OECD, G8), diese naturgemäße Wirtschafts- und Gesellschaftsordnung durchsetzen muß. Andererseits kann man mit Sicherheit vorhersagen, daß, sollte sich in Deutschland hierfür eine Mehrheit finden, diese Mehrheit vermutlich auch gleichzeitig in vielen anderen europäischen Ländern findet, da die Verflechtung der Wirtschaften und der Gesellschaften Europas heute schon weit fortgeschritten ist. Wahrscheinlicher ist allerdings ein weltweiter Zusammenbruch der liberalen Weltwirtschaft und der postmodernen, liberalen Gesellschaften, der erheblich tiefergehende Folgen haben wird, als der Zusammenbruch nach dem II. Weltkrieg. Sollte es dann gleichzeitig gelingen, deutlich zu machen, daß dieser Zusammenbruch seine Ursache in der Ideologie des Liberalismus hat, könnte die Möglichkeit bestehen, daß die soziale Demokratie als Modell für den Wiederaufbau der Wirtschaft und Gesellschaft eine Chance erhält.

8. Die Banken in der wirtschaftlichen Selbstverwaltung

Es ist hier nicht unsere Aufgabe, das Wesentliche über das Finanz- und Bankenwesen darzustellen. Dieses Kapitel ist bestenfalls als eine Fortsetzung des vorherigen Kapitels über Aktiengesellschaften und multinationale Großkonzerne gedacht. Die meisten Banken fallen nämlich ebenfalls unter diese Kategorie, und ihre heutige Größe und Macht übersteigt in nicht wenigen Fällen bei weitem die von anderen Konzernen. Wir wollen versuchen, die wichtigsten Aufgaben der Banken in einer Selbstverwaltungswirtschaft und ihre Einordnung innerhalb der sozialen Demokratie darzustellen. In der Selbstverwaltungswirtschaft bilden die Banken und die Finanzdienstleister eine eigene Berufsgemeinschaft, für die alles das gilt, was zuvor allgemein über Berufsgemeinschaften in der sozialen Demokratie gesagt wurde. Den Banken kommt eine außerordentlich wichtige Stellung innerhalb der modernen Wirtschaft und damit auch für das Gemeinwohl zu. Gemeinwohlschädigendes Verhalten der Banken hat im allgemeinen erheblich größere und weitreichendere Folgen für Wirtschaft und Gesellschaft als ein solches Verhalten anderer Unternehmen. Dies hängt mit der Bedeutung des Geldes in der modernen Wirtschaft zusammen, die gewissermaßen der Treibstoff der Wirtschaft ist.

Zunächst einige Worte zum Finanz- und Währungssystem bzw. zur Geldmarktpolitik. Die meisten europäischen Staaten haben nach der Jahrtausendwende ihre selbständige Währung zugunsten einer europäischen Einheitswährung aufgegeben. So bedauerlich dies ist, es bleibt eine Tatsache, daß unter den derzeitigen gesellschaftlichen und politischen Verhältnissen, d.h. in den modernen liberal-kapitalistischen Staaten Europas, eine Rückkehr zur nationalen Währung nicht absehbar ist. Um so wichtiger ist die Frage, wer für die Geldmarktpolitik zuständig ist. Die liberale Wirtschaftsideologie hat auch hier nur zwei Möglichkeiten zur Verfügung. Entweder die Zentralbank ist privatisiert in den Händen einer Aktiengesellschaft oder in den Händen des Staates bzw. der Staatengemeinschaft. In beiden Fällen hat die Zentralbank eine ungeheuere Machtfülle, die mit einer demokratischen Gesellschaft nicht vereinbar ist. Deshalb wird in der sozialen Demokratie die Geldmarktpolitik durch drei Institutionen bestimmt. Neben der Zentralbank, die allein für die technischen Aufgaben zuständig ist wie die Beobachtung des Geld- und Kapitalmarktes, die Festlegung der Diskont- und Lombardzinssätze im Zusammenhang mit der gesamtwirtschaftlichen Entwicklung, die Ausarbeitung von Maßnahmen der Geldpolitik, die Vergabe von Krediten an die Banken, oder die Haltung einer Goldreserve (eine Rückkehr zur Deckung der Währung durch Gold ist eine unbedingte Forderung der sozialen Demokratie) und weitere Aufgaben, die auch heute in die technisch-operative Zuständigkeit der Europäischen Zentralbank fallen, sind es der Staat und die Berufsgemeinschaften, die für die Geldmarktpolitik zuständig sind. Der Staat bzw. die Staatengemeinschaft haben selbstverständlich das Recht und die Pflicht zur Ausgabe der Währung, zur gesetzlichen Regelung der Geld- und Währungspolitik, zur Festlegung der Höhe der Golddeckung usw. Die Kontrolle der Geldpolitik liegt allerdings in den Händen der Berufsgemeinschaften. Da das Geld eine zentrale Funktion im gesellschaftlichen Prozeß der Wirtschaft erfüllt, liegt es im Interesse der Gesellschaft, die Regelung der Funktion des Geldes für seine Zweckerfüllung zu kontrollieren; diese Aufgabe kommt deshalb den öffentlich-rechtlichen Berufsgemeinschaften zu. Der Staat hat hier allein eine subsidiäre Funktion; er unterstützt die gesellschaftlichen Kräfte, ohne sie, wie dies heute der Fall ist, auszuschalten und zu ersetzen. So gehört es zu den Aufgaben der berufsgemeinschaftlichen Selbstverwaltung im Bereich der Wirtschaft, auch direkt auf die Geld- und Kreditpolitik einzuwirken und die Zinssätze gemeinsam mit der Zentralbank festzulegen. Dies ist keine Aufgabe des Staates oder der europäischen Staatengemeinschaft. Über die Zinssätze werden auch die Preise kontrolliert und da von den Preisen auch die Arbeitnehmer betroffen sind, sind deren Vertreter auch an der Geld- und Kreditpolitik paritätisch zu beteiligen.

Zu den vielleicht wichtigsten Problemen des modernen Bankwesens gehört die enorme Konzentration des Finanzkapitals, die noch keineswegs abgeschlossen ist, sondern infolge der Globalisierung weiter zunimmt. Dies könnte in Deutschland in absehbarer Zeit dazu führen, daß vielleicht noch zwei, bestenfalls drei Banken übrigbleiben, wenn man von den Sparkassen und Genossenschaftsbanken absieht.

Da die Banken zudem fast immer ausschließlich profitorientierte Aktiengesellschaften sind, denen schon naturgemäß ein echtes Verantwortungsbewußtsein fehlt, sind sie an möglichst unmittelbaren Höchstgewinnen interessiert, die zu einer unverantwortlichen Kreditpolitik verleiten, die nicht das Gemeinwohl zum primären Ziel hat. Durch die Konzentration im Bankenwesen und durch stillschweigendes Einverständnis über die Geschäftspolitik der Großbanken untereinander werden von den Banken besonders große Unternehmen bevorzugt und mit günstigen Krediten versorgt, während kleine und mittelständische Betriebe vernachlässigt werden. Zudem gewinnen die Banken dadurch Einfluß auf zentrale Wirtschaftszweige und Unternehmen. Durch den Erwerb vom Aktien und die Tätigkeit im umfassenden Investmentgeschäft wird der Einfluß der Banken noch erweitert. Unter diesen Maßnahmen leiden besonders die kleineren und mittelständischen Betriebe und ganz besonders Existenzgründer. Da hilft es auch nicht, wenn die staatlichen Banken (Mittelstandsbank, Kreditanstalt für Wiederaufbau u.ä.) Kredite zur Verfügung stellen, wenn diese über die Banken vergeben werden müssen. Weil die Kreditsummen und damit die Bankgewinne bei Existenzgründerdarlehen eher gering sind, werden ihnen diese Kredite zumeist gar nicht erst gewährt. Und selbst wenn Kredite an kleine und mittlere Betriebe vergeben werden, dann zu deutlich schlechteren Konditionen als für Großbetriebe und Konzerne, was natürlich zu einer Wettbewerbsverzerrung beiträgt. Der Hinweis auf die Sparkassen und Genossenschaftsbanken hilft da inzwischen auch nicht mehr weiter, da sich diese seit den achtziger und neunziger Jahren des letzten Jahrhunderts der profitorientierten Ausrichtung im Bankwesen mehr oder weniger angeschlossen haben und am stillschweigenden Einverständnis der Geschäftspolitik der Großbanken teilnehmen. Da bleibt oft nur der Ausweg über den freien Kapitalmarkt, wo dann die Kredithaie lauern.

Die Liste solcher Probleme einer liberalen Geld- und Finanzpolitik ließe sich über zahlreiche Seiten weiterführen und jeder Unternehmer in Deutschland kann von ähnlichen Problemen berichten. So kann man den Ruf nach Verstaatlichung der Banken, wie er aus linken Kreisen seit jeher ertönt und in jüngster Zeit wieder zunimmt, zumindest ein gewisses Verständnis entgegenbringen. Wie auch in anderen Bereichen ist die Verstaatlichung jedoch auch hier kein Ausweg; im Gegenteil führt die Verstaatlichung der Banken zu einer ungeheueren Machtkonzentration in Händen des Staates, der Regierung und der dahinter stehenden Parteien, deren Folgen sicher noch schlimmer wäre als das bestehende liberale System. Da die Banken für die Gesellschaft von hervorragender Bedeutung sind, müssen sie auch gesellschaftlicher Kontrolle unterliegen. Die Gesellschaft ist aber nicht der Staat, sondern die Gemeinschaften, aus denen die Gesellschaft besteht; im wirtschaftlichen Bereich sind dies die Berufsgemeinschaften.

Für die Banken müssen zunächst dieselben Leitlinien gelten, wie sie zuvor für die Aktiengesellschaften und Großkonzerne dargestellt wurden. Dies bedeutet eine bis ins Detail gehende Kontrolle der Banken durch die Berufsgemeinschaften, insbesondere natürlich der Berufsgemeinschaft Bank- und Finanzwesen. Wegen der für die Gesellschaft zentralen Bedeutung des Kapitals müssen aber auch die anderen Berufsgemeinschaften an der Kontrolle der Banken beteiligt werden, da sie von deren Entscheidungen betroffen sind. Die Banken müssen in noch höherem Maße als die Konzerne eine „gläserne" Struktur aufweisen; sie werden durch entsprechende berufsgemeinschaftliche Gremien zur vollständigen Offenlegung des gesamten Geschäftsverlaufs, d.h. der Rücklagen und Sicherheiten, der Geld- und Kreditschöpfung, der Bedingungen der Kreditgewährung und der Kreditpolitik, aufgefordert. Diese Aufgabe geht also vom Staat, der damit ohnehin überfordert ist, an die Berufsgemeinschaften über. Ziel der Kontrolle muß es sein, die Profitinteressen der Banken dem Interesse der Sozialwirtschaft bzw. dem Gemeinwohl unterzuordnen. Für die Banken gilt dabei die gleiche Maxime wie für alle Unternehmen: Es müssen die erforderlichen Mittel bereitgestellt werden, um die laufenden Verpflichtungen sicherzustellen (J. Messner, 1950, 769). Dazu gehört auch das Verbot der Aktien- und Finanzmarktspekulation für Banken, womit diese ihren Aufgabenbereich überschreiten und dem Kapitalmarkt Geld entziehen.

Darüber hinaus wirken die Berufsgemeinschaften bei der Kreditlenkung mit und stellen gemeinsam mit den Banken bzw. der Berufsgemeinschaft Bank- und Finanzwesen verbindliche Grundsätze der Kreditpolitik auf, zu denen z.B. gehört, daß Großkonzerne bei der Kreditvergabe und deren Konditionen nicht bevorzugt werden dürfen.

Mindestens ebenso wichtig wie die Kontrolle der Banken durch die Berufsgemeinschaften ist aber die Gründung und Förderung echter Genossenschaftsbanken. Dies schon deshalb, weil zu starke Eingriffe in die Geschäftspolitik der Großbanken negative Auswirkungen auf den Finanzmarkt und damit auf die Gesamtwirtschaft haben könnten, zumal diese Kontrollen nur dann sinnvoll sind, wenn sie über die nationalen Grenzen hinaus zumindest innerhalb Europas, besser noch international wirksam werden. Deshalb ist die Gründung von Genossenschaftsbanken, möglichst in den Händen der einzelnen Berufsgemeinschaften und an deren speziellen Interessen ausgerichtet, für die kleinen und mittelständischen Betriebe eine echte Alternative, durch die die Geschäftspolitik der Großbanken unterlaufen wird. Dabei darf das Profitinteresse bei Genossenschaftsbanken natürlich nicht im Mittelpunkt stehen, sondern die Beschaffung und Vergabe günstiger Kredite für Investitionen und Existenzgründungen. Zugleich führt dies zu einer erwünschten Arbeitsteilung im Bankwesen mit Anpassung an die besonderen Bedingungen und Erfordernisse in den einzelnen Wirtschaftsbereiche. Träger dieser Genossenschaftsbanken sind die jeweiligen Berufsgemeinschaften auf regionaler oder Landesebene, die ein dichtes Netz von Kreditorganisationen bilden und sich subsidiär zu größeren Banken zusammenschließen können.

9. Internationale Zusammenarbeit

Europäische und internationale wirtschaftliche, soziale und kulturelle Zusammenarbeit ist ein sehr wichtiger und notwendiger Beitrag zur allgemeinen Wohlfahrt, Gerechtigkeit und Frieden. Dies ist die Auffassung aller Päpste der letzten Jahrhunderte. Die Frage ist also nicht, *ob* eine internationale Zusammenarbeit wünschenswert ist, sondern *wie* diese aussehen muß, damit sie wahrhaft ein Beitrag zu Gerechtigkeit und Frieden sein kann. Die derzeitige Form der Zusammenarbeit unter liberaler oder sozialistischer Ideologie hat klar und deutlich gezeigt, daß die Ziele Gerechtigkeit und Frieden nicht näher gerückt sind, wie man beispielsweise an den zahlreichen Kriegen und dem massiven Ungleichgewicht zwischen reichen und armen Ländern sieht. Dabei bedeutet Gerechtigkeit sicher nicht die Gleichheit aller, wie dies heute in der EU angestrebt und dabei die große Vielfalt mehr und mehr eingeebnet und vernichtet wird. Gerechtigkeit kann es nur geben, wenn die Verschiedenheit der Völker und Kulturen anerkannt wird, aus der sich die Notwendigkeit der Kooperation ergibt. Es ist durchaus keine Diskriminierung eines Volkes, wenn man anerkennt, daß die verschiedenen Völker sich in vielerlei Eigenschaften und Fähigkeiten unterscheiden, so wie sich auch Menschen innerhalb eines Volkes unterscheiden, und daß sich aus diesen Eigenschaften bestimmte politische, kulturelle, wirtschaftliche und soziale Unterschiede und Traditionen ergeben, die es nicht einzuebnen, sondern im Gegenteil zu fördern gilt. Dazu gehört beispielsweise auch, daß die politische Demokratie westlicher Prägung kein Modell für die ganze Welt ist, was sich überdeutlich in allen nichtwestlichen Kulturen zeigt. Gleichwohl vertreten wir hier auch keine postmoderne Ideologie, die jede Gemeinsamkeit zwischen den Völkern leugnet. Diese Gemeinsamkeit findet ihren Ausdruck im allgemeinen Naturrecht und insbesondere in obersten evidenten Prinzipien, die sich ja aus der Natur des Menschen selbst ergeben und für alle Menschen gelten.

Der hauptsächliche Mangel der bisherigen internationalen Zusammenarbeit besteht darin, daß er vorwiegend auf staatlicher Ebene stattfindet und über bürokratische Mammutorganisationen wie die Europäische Union, die

OECD oder die UNO organisiert wird. Auch an dieser Stelle muß wiederholt werden, daß eine wirtschaftliche, soziale und kulturelle Zusammenarbeit nicht Aufgabe des Staates ist, sondern allein Aufgabe der Gesellschaft, d.h. der naturrechtlichen gesellschaftlichen Verbände, der Berufsgemeinschaften. Weder einzelne Gruppen oder Unternehmen für sich, noch die staatlich geplante Arbeitsteilung zwischen den einzelnen Nationen, wie in der sozialistischen Theorie der „begrenzten Souveränität sozialistischer Staaten", sind in der Lage, eine gerechte und friedensstiftende Kooperation zwischen den Völkern zu ermöglichen. Während die letztgenannte Ideologie Gott sei Dank gescheitert ist, glaubt die liberale Ideologie nun, den Sieg davon getragen zu haben. Das Bestreben dieser Ideologie geht aber nicht minder dahin, die wirtschaftliche, kulturelle, soziale und auch die rechtlich-politische Eigenständigkeit, Eigenverantwortung und Souveränität der Gemeinschaften, Völker und Staaten aufzuheben, wie an den Bestrebungen der EU besonders deutlich erkennbar wird. Die internationale Zusammenarbeit darf auf keinen Fall mit dem Ziel eines Weltstaates oder eines europäischen Einheitsstaates betrieben werden, weil diese Zielsetzung bereits das Scheitern und den Untergang in sich trägt, was die sozialistischen Versuche in diese Richtung, die sich nur graduell davon unterscheiden, deutlich gemacht haben. Die Vielfalt und Verschiedenheit, der Wettbewerb der Gemeinschaften und Völker und nicht ein multikultureller Einheitsbrei, schaffen Frieden und Gerechtigkeit. Die Notwendigkeit der internationalen Zusammenarbeit ergibt sich aus der Verschiedenheit der Völker, die dadurch aufeinander angewiesen sind, sie beseitigt diese Verschiedenheit aber nicht und darf sie auch nicht beseitigen. Zahlreiche Konflikte der heutigen Welt entstehen gerade dadurch, daß sich Völker und Kulturen durch die mit großer Macht sich durchsetzende liberale Ideologie, angeführt von den USA, in ihrer Eigenständigkeit bedroht fühlen; man denke nur an die Konflikte mit der arabischen Welt und die neu entstehenden Konflikte mit Rußland, das nicht bereit ist, sich der gott- und kulturlosen westlichen Ideologie anzupassen.

Eine wirtschaftliche, kulturelle und soziale europäische Zusammenarbeit kann heute vermutlich nur mehr oder weniger gegen die EU aufgebaut werden. Dabei käme den Staaten bestenfalls die Aufgabe zu, allgemeine Voraussetzungen dieser Zusammenarbeit zu schaffen. Da diese aber bereits längst gegeben sind, ist staatliches Handeln hier praktisch nicht mehr erforderlich. Die Zusammenarbeit kann allein über die Berufsgemeinschaften erfolgen, die sich in allen europäischen Staaten, entsprechend ihrer jeweiligen Eigenheiten und wirtschaftlichen, sozialen und kulturellen Besonderheiten konstituieren müssen und dann bilateral oder auch auf der Ebene europäischer berufsgemeinschaftlicher Kammern miteinander kooperieren. Durch die organisatorische Struktur und den Aufbau der Berufsgemeinschaften wird dabei von Anfang an verhindert, daß die Institutionen auf europäischer Ebene die untergeordneten Verbände bevormunden. Das Prinzip der Subsidiarität ist universell gültig und wird umso bedeutsamer, je höher die Ebenen sind, die sich bei der Zusammenarbeit bilden. Gerade die Mißachtung der Subsidiarität ist das zentrale Kennzeichen der gegenwärtigen europäischen und internationalen Zusammenarbeit, und wie bereits Papst Pius XI. betonte, kann dies nur zu ungerechten Zuständen führen. Gerechtigkeit und Frieden können ohne strikte Beachtung der Subsidiarität nicht erreicht werden.

Schon früher wurden einige Bereiche genannt, die für eine übernationale Regelung geeignet sind. Dazu gehören beispielsweise europäische Wettbewerbsrichtlinien, ein gemeinsamer Arbeitsschutz und zahlreiche besondere Regelungen für einzelne Branchen, die von den jeweiligen Berufsgemeinschaften gesetzlich festzulegen sind. Wie dies im einzelnen aussieht und welche Bereiche überhaupt einer europäischen Regelung bedürfen, hängt von den Bedürfnissen und dem Willen der Berufsgemeinschaften ab und läßt sich nur schwer vorwegnehmen, geschweige denn verordnen.

Die weltweite Zusammenarbeit wird sich vorwiegend auf den Handel beschränken, weil es kaum Möglichkeiten gibt, die darüber hinausgehen ohne die Verschiedenheit der Gemeinschaften einzuebnen. Wichtig für eine weltweite Zusammenarbeit ist die Orientierung an Gerechtigkeit und allgemeiner Wohlfahrt und nicht primär am Profit. Das hört sich sehr schön und fast banal an, ist aber nur schwer zu erreichen. In einer liberalen Weltwirtschaft ist dies allerdings nicht nur schwer zu verwirklichen, sondern praktisch unmöglich. In diesem Bereich agieren heute vorwiegend mächtige, einflußreiche Großkonzerne und ihre politischen Lobbyisten, deren ausschließliches Interesse der Profit ihres Unternehmens ist. Eine Zusammenarbeit auf der Grundlage von gesellschaftlichen und nicht staatlichen Organisationen kann aber auch hier durchaus positive Wirkungen haben. So verhandelt man bereits seit Jahrzehnten über einen freien Welthandel, was nur dazu geführt hat, daß die armen Länder noch ärmer wurden und heute zahlreiche ihrer Rohstoffe zu Preisen verkaufen müssen, die niedriger liegen als vor dreißig Jahren. Zweck der weltwirtschaftlichen Zusammenarbeit muß die Bedarfsdeckung aller Beteiligten sein. Dieser Zweck wird dadurch erreicht, daß beide Seiten ihren Bedarf an Gütern und Dienstleistungen in allen Bereichen zu den gesellschaftlich notwendigen Kosten decken können (J. Messner, 1950, 866). Dies geschieht im wesentlichen durch einen wirklich freien Handel. Die reichen Länder dürfen ihre Märkte nicht Fertigprodukten aus ärmeren Ländern verschließen und diese müssen von den reichen Ländern gerechte Preise für ihre Rohstoffe erhalten. Auf diese Weise kann eine internationale Arbeitsteilung entstehen, die eine optimale Bedarfsdeckung und Beschäftigung ermöglicht.

Allerdings ist die optimale Bedarfsdeckung in den meisten Ländern der westlichen Hemisphäre bereits seit längerem erreicht, und ein weiterer quantitativer Ausbau ist nicht nur aus ökologischen Gründen kaum noch möglich oder gar sinnvoll. Ein Lebensstandard, wie er heute in Europa, den USA und einigen anderen Ländern üblich ist, läßt sich schon allein auf Grund der vorhandenen Ressourcen nicht weltweit verwirklichen. Bereits heute, da in einigen Schwellenländern wie China, Indien oder Brasilien der Lebensstandard größerer Teile der Bevölkerung wächst, kommt das System der permanenten Wachstumswirtschaft an seine Grenzen. Deshalb sind hier und weltweit neue Konzepte erforderlich, wie beispielsweise die Abkehr von der Wegwerf- und Konsumgesellschaft hin zu einem qualitativen Wachstum. Dies näher zu erläutern, ist nicht Gegenstand unserer Studie und würde eine eigene Schrift erfordern.

10. Für eine christliche Gesellschaftsordnung

Das jetzt in seinen Grundzügen dargestellte gesellschaftliche Ordnungsmodell ist noch keine christliche Gesellschaft. Die soziale Demokratie folgt aus den Grundprinzipien des Naturrechts, vor allem des Subsidiaritätsprinzips, in der Anwendung auf unsere heutige Zeit. Die wirtschaftliche, soziale und kulturelle Selbstverwaltung ist eine naturgemäße, dem Wesen des Menschen angemessene Gesellschaftsordnung, die in ihrer Grundstruktur auf alle Kulturen anwendbar ist. Sie bildet insofern erst die Voraussetzung für eine christlichen Gesellschaft. Was eine wahrhaft christliche Gesellschaft ist und warum sie notwendig ist, soll in diesem abschließenden Kapitel kurz dargestellt werden.

Daß eine christliche Gesellschaftsordnung notwendig ist, ergibt sich zunächst aus den Gefahren, die die modernen radikal-liberalen Gesellschaften Europas und Amerikas für den Menschen darstellen. Der Liberalismus ist eine realitätsfremde und dem Menschen unangemessen Ideologie. Dies wurde schon beim Aufblühen dieser Ideologie im 19. Jahrhundert sichtbar, als hunderttausende Menschen in ganz Europa in die materielle Verelendung getrieben wurden, ein Elend, wie es die bisherige Welt noch nicht gesehen hatte. Heute ist es (noch) nicht die materielle Verelendung, die der Liberalismus erzeugt, sondern die geistige Verelendung, die zwar schon immer zum Wesen des Liberalismus gehörte, aber erst deutlich wurde, als der materielle Wohlstand in den meisten liberalen Staaten erreicht war.

Diese geistige Verelendung, die der Liberalismus erzeugt, und der zugleich eine der größten Gefahren der postmodernen Gesellschaft darstellt, ist die immer stärker werdende „Diktatur des Relativismus“ (Papst Benedikt XVI.). Diese neue Form der Diktatur unterscheidet sich in den äußeren Merkmalen deutlich von den bisher bekannten Formen faschistischer und kommunistischer Diktatur oder auch von Militärdiktaturen. Was diesw Diktaturen mit der postmodernen liberalen Diktatur de Totalitarismus gemeinsam haben, ist die totale Erfassung aller gesellschaftlichen und kulturellen Bereiche durch den Staat und eine mehr oder weniger einheitliche

Ideologie. Die liberale Diktatur des Relativismus zeichnet sich vor allem durch eine Verachtung der Wahrheit aus, d.h. durch die strikte Ablehnung einer Unterscheidung von wahr und falsch in allen Bereichen der Kultur, des menschlichen Zusammenlebens, der Moral, des Rechts und der Religion. Liberale Philosophen gehen noch weiter, indem sie den Wahrheitsbegriff und das damit intendierte, auch für alle anderen Bereiche, also auch für die Wissenschaft, bestreiten. Zu nennen sind hier z.B. die „Philosophien" der Postmoderne und des Konstruktivismus.

Diese Ablehnung der Wahrheit geht aus einem falschen Verständnis der Freiheit hervor, das in sich bereits den Keim der Diktatur trägt. Es ist das Freiheitsverständnis der Aufklärung und der französischen Revolution. Freiheit besagt hier soviel wie weitestgehende Willkür des Einzelnen, die ihre Schranken nur an der Freiheit des anderen findet. Es ist der Begriff einer individualistischen und autonomen Freiheit, der sich quasi selbst erschaffenden Freiheit, die sich selbst ihre Gesetze gibt und sich aus dem Nichts erschafft. Indem sich der freie Mensch so selbst erschafft, schafft er zugleich die Welt. An die Stelle Gottes tritt hier das freie, schöpferische Subjekt. Daher ist nun „wahr" – sofern dieser Begriff hier überhaupt noch sinnvoll ist – nur das, was man selbst in seiner schöpferischen Freiheit dafür hält. Die Wahrheit wird gesetzt und nicht gefunden. Kant hat dies bereits vor zweihundert Jahren in der Einleitung zu seinem Hauptwerk deutlich ausgesprochen: Die Erkenntnis darf sich nicht nach den Dingen, sondern diese müssen sich nach der Erkenntnis richten.

In diesem Freiheitsverständnis aber liegt der Grund des totalitären Charakters des Liberalismus. Der liberale Staat erlaubt alles. Die skurrilste Sekte, die verrückteste Meinung wird „respektiert", denn das höchste aller „Menschenrechte" ist die Meinungsfreiheit. Solange ein Einzelner oder eine Gruppe ihre Auffassung als ihre Meinung versteht und die Meinungsfreiheit bzw. den Relativismus anerkennt, ist der Liberalismus großzügig und tolerant. Sobald jedoch gerade diese Auffassung in Frage gestellt wird und als Diktatur des Relativismus gebrandmarkt wird, hört die Toleranz sofort auf.

Was dies bedeutet, läßt sich an zahlreichen Gesetzen der letzten dreißig Jahre erkennen: nach der Einführung der staatlichen Ehescheidung, die bereits sittenwidrig ist, jetzt völlige Freigabe der Ehescheidung unter Mißachtung des Schuldprinzips; „freie Partnerschaft“; faktische Freigabe der Abtreibung in den ersten drei Monaten, bei zu erwartender Behinderung des Kindes bis kurz vor der Geburt; Freigabe und sogar Förderung der praktizierten Homosexualität und rechtliche Gleichstellung homosexueller Partnerschaften mit der Ehe; sogenanntes „Antidiskriminierungsgesetz“, wodurch bereits z.B. die öffentliche Verurteilung der Sünde als Diskriminierung bestraft wird, und vieles andere mehr. Fast täglich kommen neue Gesetze hinzu. So verabschiedete kürzlich das Europaparlament einen Entwurf, der künftig typisches „Rollenverhalten“ in der Werbung unter Strafe stellen will, was z.B. praktisch bedeutet, daß Frauen nicht mehr bei der Hausarbeit gezeigt werden dürfen.

Insbesondere unter dem Deckmantel der Verhinderung von Diskriminierung wird der Kampf gegen die Wahrheit in den nächsten Jahren immer weiter und radikaler zunehmen und die Christen ins Abseits drängen. In England kann die katholische Kirche inzwischen keine Adoptionen mehr vermitteln, weil sie es mit vollem Recht und auf der Grundlage des vorstaatlichen Naturrechts ablehnte, Kinder an homosexuelle Paare zu vermitteln, was in Großbritannien für alle Adoptionsstellen gesetzlich vorgeschrieben wurde. Bischöfe werden verurteilt, weil sie unmoralische Handlungen als solche bezeichnen und Kritiker des Abtreibungssystems, die dieses mit dem nationalsozialistischen Massenmord vergleichen, landet ins Gefängnis. Eltern die sich in Deutschland weigern, ihre Kinder den staatlichen Indoktrinierungsanstalten (Schulen) auszuliefern, müssen entweder auswandern oder die Kinder werden ihnen entzogen und in staatliche Erziehungsanstalten (um)erzogen. Die Verbreitung der Schöpfungslehre an Schulen anstelle des evolutionistischen Ideologie soll nach einer Entschließung des Europarates verboten werden. Dies ist die Freiheit des Liberalismus! Diese Entwicklung, darauf deuten alle Anzeichen in Deutschland und besonders in den europäischen Institutionen hin, wird in den kommenden Jahren sehr stark zunehmen. Ein Blick auf England, wo selbst Weihnachtsbäume als Diskriminierung von Moslems verstanden werden, macht dies deutlich. In Deutschland verbindet sich diese „Antidiskriminierungskampagne“ mit dem sogenannten „Kampf gegen Rechts“, von dem schon lange nicht nur das berechtigte Verbot der Verbreitung nationalsozialistischer Ideologie betroffen ist, sondern auch glaubenstreue Christen und Konservative. Bezeichnenderweise gibt es einen gleichen „Kampf gegen Links“ nicht, obgleich das Potential der Gewalt und des Hasses auf dieser Seite des politischen Spektrums weitaus größer ist. Würde man die paar rechten Spinner sich weitgehend selbst überlassen und Verstöße ohne viel Aufhebens ahnden, wäre der rechte Spuk bald zu Ende. Doch beim „Kampf gegen Rechts“ geht es gar nicht primär um die Verhinderung von Neo-Nazis, sondern um die Schaffung der Grundlage für die linksliberale Ideologie und die Diktatur des Relativismus. Dazu braucht man sogar die neuen Nazis, denn es wäre bei einem gemeinsamen Willen aller Parteien ein leichtes, die NPD zu verbieten.

Die gesellschaftliche, wirtschaftliche, kulturelle und politische Entwicklung der nächsten Jahre, vielleicht sogar Jahrzehnte, wird durch die Dialektik von Liberalismus und Sozialismus geprägt sein. Dies bedeutet, daß im Bereich der Wirtschaft die radikale Liberalisierung unter dem Stichwort der Globalisierung immer weiter fortschreiten wird, und die multinationalen Großkonzerne und Banken ihren Einfluß immer weiter ausdehnen werden. Gleichzeitig wird auf der anderen Seite der sozialistische Fürsorgestaat weiter ausgebaut, der sich in totalitärer Weise immer mehr bis in die privatesten Bereiche einmischt und das Denken vorschreibt. Die Eigenverantwortung wird mehr und mehr aufgehoben und dem Staat übertragen. Es beginnt bei der Erziehung der Kinder durch die Bereitstellung von 700.000 neuen Krippenplätzen, setzt sich fort über die immer weitere Ausdehnung der Antidiskriminierungsgesetze und endet bei Vorschriften zum richtigen Denken.

Auf diese Weise wird in den westlichen Ländern der Angriff auf die menschliche Natur weiter fortgesetzt. Und wenn die Natur des Menschen einmal tief erschüttert oder zerstört ist, muß der liberal-totalitären Staat nicht mehr befürchten, daß bei einem solchen Menschen die Gnade noch einmal wirken kann. Bereits heute gibt es eine Vielzahl von Menschen, bei denen die Natur tief beeinträchtigt oder zerstört ist. Beispiele sind Personen, die seit vielen Jahre in der Drogensucht verharren, die sich mit pornographischem Material und Handlungen jeder Art zudröhnen, oder die in schwerer sexueller Ausschweifung und homosexuellen Verhältnissen leben. Da bei Gott alles möglich ist, besteht auch für solche Menschen noch ein Rest Hoffnung die Gnade Gottes zu empfangen, aber nach menschlichem Ermessen ist diese Hoffnung eher sehr gering.

Es wird mehr und mehr darum gehen, rücksichtslos und unter „demokratischen“ Begriffen die liberale Ideologie der Freimaurerei, die alle von uns aufgezählten Bedrohungen der menschlichen Natur bereits im 18. und 19. Jahrhundert propagierte und die dann seit der Französischen Revolution zum Durchbruch kam, durchzusetzen. Hinter diesen Ideologien stehen mächtige und einflußreiche Kräfte, von denen die wichtigsten schon zuvor genannt wurden, nämlich die multinationalen Konzerne und Banken. Das Ziel besteht darin, alle Bindungen zu Kultur und Geschichte abzubrechen – Bindungen, die alle christlichen Ursprungs sind –, um den Menschen zu einem traditions-, geschichts- und bindungslosen Herdenwesen zu erziehen.

Diesem Ziel dient nach Auffassung der liberalen Kräfte auch die Förderung der Islamisierung Europas. Europa ist bis in seine tiefsten Wurzeln hinein christlich geprägt. Diese Prägung ist selbst heute noch in zahlreichen Institutionen und Gegebenheiten, wenn auch losgelöst von den Wurzeln, erkennbar. Daher ist die Diktatur des Liberalismus bestrebt, die verbliebenen Restbestände auszumerzen und zwar mit Hilfe einer kulturellen Tradition und Religion, die dem Christentum fast diametral entgegengesetzt ist. Dafür bieten sich die Kräfte der Islam an, der von sich aus bestrebt ist, Europa zu islamisieren. Selbstverständlich ist der Liberalismus nicht an einer wirklichen Islamisierung Europas interessiert, doch glaubt er offensichtlich, den Islam beherrschen und dirigieren zu können und nach erfolgter Zerstörung der christlichen Wurzeln den in Dienst genommenen Islam ebenso zu vernichten. Ob die Rechnung aufgeht, sei dahingestellt; auf jeden Fall zeigt sich, daß der Einfluß liberaler Ideologie bei den meisten, vor allem bei jungen Moslems seine Wirkung nicht verfehlt. Islamischer Terror und die verstärkte Rückbesinnung auf den Islam sowie dessen Radikalisierung auch bei in Europa lebenden Moslems, sind im wesentlichen als eine Reaktion auf den zunehmenden Einfluß des Liberalismus auf zahlreiche Moslems zu verstehen. Besonders dort, wo Moslems in selbstgewählten Ghettos zusammenleben, gelingt es dem Islamismus, Einfluß auf junge Menschen zu gewinnen. Von daher erklären sich die intensiven Bemühungen der europäischen Regierungen um die sogenannte „Integration", durch die die Moslems stärker unter den Einfluß der liberalen Ideologie geraten sollen. Diese meist entwurzelten Menschen, die hier zudem keine neuen Wurzeln finden, sind in fast idealer Weise geeignet, die christlichen Grundlagen Europas zu zerstören. Somit muß man wohl sagen, daß die eigentliche Gefahr nicht in der Islamisierung Europas besteht, sondern diese nur als Mittel zur Zerstörung aller christlichen Traditionen und Wurzeln Europas dient. Da diese Wurzeln bereits jetzt weitgehend zerstört oder zumindest stark beeinträchtigt sind woran leider auch die Kirche selbst beteiligt ist, die sich im Zweiten Vatikanischen Konzil und in der Zeit danach von ihren eigenen Traditionen verabschiedet hat, um die französische Revolution und ihre „Aufklärung" in der Kirche selbst nachzuholen bietet das Christentum für den Moslem weder eine Grundlage zu echter Integration und Identifikation mit den europäischen Traditionen, noch können letztere unter dem liberalen Druck ihre eigenen Traditionen hier einfach fortsetzen. Übrig bleibt für alle eine öde Wüste ohne Bindung, eine „Welteinheitskultur" (besser „-unkultur"), die, aller Ideologien, Weltanschauungen und Religionen müde geworden, ihr Heil im totalen Konsum suchen.

Eine weitere sehr bedeutsame Gefahr ist die fast unabwendbar erscheinende Gefahr des Zusammenbruchs der spekulativen kapitalistischen Weltwirtschaft durch die Finanzspekulation, gegen die die Weltwirtschaftskrise der zwanziger Jahre des 20. Jahrhunderts eine kleine Krise sein wird. Die Finanzmarktspekulation ist heute um ein vielfaches bedeutsamer; bestimmte Zahlen legen nahe, daß heute etwa 90% des Weltbruttosozialproduktes durch Finanzmarktspekulation erwirtschaftet werden. Derartige Spekulationen haben in den meisten Fällen keine Grundlage in realen wirtschaftlichen Gegebenheiten. Von einer Golddeckung der Währung wurde schon vor langer Zeit Abschied genommen. Somit beruht der heutige Wohlstand in den Ländern der westlichen Hemisphäre in erster Linie und zu einem sehr großen Teil vor allem auf Spekulation, man könnte auch sagen auf Glücksspiel. Spekulationen haben aber im günstigsten Fall eine realistische Basis, wenn ihnen Gewinne im produktiven bzw. dienstleistenden Bereich entsprechen. Bei Umsatz- und Gewinnsteigerung einer Aktiengesellschaft hat ein höherer Aktienkurs eine angemessene Grundlage. Doch dieser Bereich der sinnvollen und gemeinwohlfördernden Spekulation macht wiederum nur einen geringen Teil der Finanzspekulation aus. Der weitaus größte Teil der Finanzmarktspekulationen hat kaum noch irgendeinen Bezug zu realen Verhältnissen im Bereich Produktion und Dienstleistung. Deutlich hat sich dies in der aktuellen Immobilienmarktkrise gezeigt, die sich zu einer neuen Weltwirtschaftskrise entwickelt. Da aller Wohlstand und alle Werte letztlich nur auf Arbeit und den dadurch geschaffenen Gütern beruhen, kann man mit hoher Wahrscheinlichkeit einen Zusammenbruch der Weltwirtschaft erwarten, wenn sich nicht in absehbarer Zeit etwas ändert.

Wir haben zuvor die Alternative zur derzeitigen liberal-kapitalistischen und sozialistischen Gesellschaft, Wirtschaft und Kultur vorgestellt. Doch das Modell der sozialen Demokratie bzw. der gesellschaftlichen Selbstverwaltung ist selbst nur die Grundlage einer noch umfassenderen Alternative, nämlich der christlichen Gesellschaft.

Was ist eine christliche Gesellschaft? Eine christliche Gesellschaft ist weder eine humanistische Gesellschaft, wie es der neue Sozialkatechismus der katholischen Kirche propagiert („Für einen christlichen Humanismus") und damit der gesamten Tradition der Kirche widerspricht, noch eine Gesellschaft von Gutmenschen. Vor allem ist die christliche Gesellschaft eine solche, in der dem Gottmenschen Jesus Christus die erste Stelle zukommt; eine Gesellschaft, in der Kirche und Staat in harmonischer Weise zum Wohle der Menschen zusammenarbeiten. Während dem Staat die Sorge für das irdische Wohlergehen, das Gemeinwohl, am Herzen liegt und er alles dafür tut, damit dieses verwirklicht wird, kommt der Kirche die Sorge für das ewige Ziel des Menschen, der Anschauung und Verherrlichung Gottes zu. In einem gesunden christlichen Staat besteht überhaupt kein Widerspruch zwischen diesen beiden Zielen, wenn jede Gewalt die Eigenständigkeit der jeweils anderen anerkennt und die Bereiche, in denen sich beide Ziele überschneiden, gemeinsam zum wahren Wohle der Menschen zu lösen versuchen.

Der gerechte Staat und seine Machthaber wissen um das ewige Ziel des Menschen und unternehmen daher nichts, was der Erreichung dieses Zieles des Menschen entgegensteht. Er legt vielmehr die natürlichen Grundlagen für die Erreichung dieses Zieles. Allein dieses Prinzip garantiert eine wahrhaft christliche Gesellschaft. Dies beginnt beim weitgehenden Verbot der Sonntagsarbeit, das der Staat mit Maßnahmen begleiten kann, die den Kirchenbesuch fördern, setzt sich fort in der Förderung der wesenhaften Ehe und Familie und dem Verbot der Propagierung von Homosexualität, Pornographie, Gewaltverherrlichung und anderer sittlich verderblicher Handlungen, der Abschaffung der zivilen Ehescheidung und dem Verbot der Abtreibung; weiterhin fördert der Staat die christliche Schule und gewährt der Kirche in allen gesellschaftlichen Bereichen die Freiheit zur Missionierung der Menschen. Einen weltanschaulich neutralen Staat, wie er heute allenthalben propagiert wird, kann es nicht geben. Nicht nur für den Einzelnen, sondern auch für die Gemeinschaften und den Staat gilt mit Bezug auf unseren Herrn Jesus Christus: „Wer nicht für mich ist, ist gegen mich". Der liberale Staat, wie er heute in den meisten westlichen Ländern herrscht, ist alles andere als weltanschaulich neutral. Wenn die Worte Christi und die Lehre Seiner Kirche wahr sind, wenn es ein ewiges Leben gibt und man auch die Möglichkeit hat, dieses zu verfehlen, dann ist der Liberalismus eine gefährliche und letztlich menschenverachtende Ideologie, wie die Ausführungen in den vorangegangen Kapiteln deutlich gemacht haben. Er führt dazu, daß Millionen Menschen ihr ewiges Ziel aus den Augen verlieren und damit möglicherweise im ewigen Verderben enden, ganz abgesehen von dem Verlust wahrer Freude und Liebe in dieser Welt. Der mit dem Liberalismus verbundene Materialismus ist der Todfeind des Menschen, da er diesen ausschließlich auf seine materielle Existenz einengt und ihm damit sein geistiges und freies Wesen raubt. Das Freiheitsgeschwätz des Liberalismus ist vollkommen hohl, weil es die Freiheit von allem anderen Menschlichen isoliert. Alles was der Mensch hat und kann, hat und kann er um eines Zieles willen. Dieses Ziel ist im letzten die ewige Freude in der Liebe Gottes. Dazu hat Gott ihm auch die Freiheit gegeben und nicht dazu, Spaß zu haben. Spaß hat auch eine Frosch die im Teich sitzt und quakt.

Besonders muß der Staat und seine Organe darauf achten, seine Macht durch die Aneignung von Aufgaben nicht zu mißbrauchen, die nicht in seinen Bereich fallen. Hierzu ist die strikte und universale Einhaltung des Subsidiaritätsprinzips erforderlich, wonach der Staat die sozialen, wirtschaftlichen und kulturellen Aufgaben den gesellschaftlichen Gruppen überläßt, wie es zuvor dargestellt wurde. Die volle und uneingeschränkte Beachtung und Wirksamkeit des Naturrechts, das jedem einzelnen Gesetz und dem Staat selbst vorausgeht und selbst dann gültig ist, wenn es nicht gesetzlich formuliert wird, muß wieder zur Grundlage von Staat und Gesellschaft werden. Das oberste Prinzip des Naturrechts ist aber das Subsidiaritätsprinzip. Ein Staat, der dieses Prinzip in allen Bereichen und bei seiner Gesetzgebung konsequent anerkennt, schafft damit die wichtigste Grundlage für eine wahrhaft gerechte und christliche Gesellschaft.

Die christliche Gesellschaft ist keine Klerikaldiktatur. Sie unterscheidet klar zwischen weltlichen und kirchlich-religiösen Angelegenheiten. Sie zwingt niemanden, den christlichen Glauben anzunehmen, weil dies nach christlicher Lehre streng verboten ist. Sie erleichtert es aber den Gläubigen, ihren Glauben zu praktizieren, im Unterschied zu heute, da es den Gläubigen in jeder Hinsicht sehr schwer gemacht wird, treu am überlieferten Glauben festzuhalten, denn Gesellschaft und Staat unternehmen alles, um die liberale, laizistische und relativistische Ideologie in den Herzen der Menschen zu verankern. Die christliche Gesellschaft toleriert hingegen andere Auffassungen des Menschen, macht es ihnen aber zugleich leichter, zur Wahrheit zu finden. Besonders in sozialer, kultureller und wirtschaftlicher Hinsicht ist die christliche Gesellschaft, die das echte Gemeinwohl in den Mittelpunkt aller Tätigkeit stellt und den gesellschaftlichen Frieden fördert, auch für die Menschen ein Gewinn, die dem christlichen Glauben fernstehen. Daß dem so ist, zeigt ein unvoreingenommener und realistischer Blick auf die christliche Gesellschaft Europas im Hochmittelalter. Die Forschungen zum Mittelalter, die in den vergangenen zehn Jahren erfreulicherweise stark zugenommen haben, konnten bislang alle Vorurteile und Lügen, die aus der Aufklärung und der französischen Revolution hervorgegangen sind, widerlegen und zeigen diese Gesellschaft als eine tolerante und im echten Sinne offene Gesellschaft.

Eine christliche Gesellschaft kann aber nicht gemacht werden. Dies unterscheidet sie klar von Gesellschaftsideologien des Liberalismus und Sozialismus. Bestenfalls kann der Mensch die Voraussetzungen zu einer christlichen Gesellschaft schaffen, doch selbst dafür muß er schon die Gnade Gottes empfangen haben. Die christliche Gesellschaft ist gerade keine „gemachte" Gesellschaft, schon deshalb nicht, weil sie keine rein menschliche Gesellschaft ist, sondern eine christliche, eine Gesellschaft, in der Christus selbst herrscht. Dies heißt nicht, daß diese Gesellschaft unmenschlich ist; sie ist im Gegenteil die einzig wahrhaft menschliche Gesellschaft, denn menschlich kann keine Gesellschaft sein, die nur vom Menschen gemacht wird, sowenig wie der Mensch nur ein materielles Wesen ist. Der Mensch wird erst wahrhaft menschlich, wenn er über sich hinausgreift und seinen Geist auf das richtet, was allem anderen zugrunde liegt. Eine menschliche Gesellschaft in diesem Sinne, also die christliche Gesellschaft, wird dem Menschen und den menschlichen Gemeinschaften nur als Geschenk zuteil, als Geschenk der Gnade Gottes. Gott selbst hat alles getan und tut alles, damit die Menschen in einer christlichen Gesellschaft leben können, in der sie ihr ewiges Ziel erreichen. Doch der Mensch verhindert mit seinen Ideologien, die, wie das 20. Jahrhundert gezeigt hat, alle zum Tod führen, daß dieses Bemühen Gottes, daß Seine Gnade wirksam werden kann.

Man sage nicht, Gott wolle keine christliche Gesellschaft. Er wolle nicht selbst in Staat und Gesellschaft herrschen. Wir wissen, daß dies heute selbst von den offiziellen Vertretern der katholischen Kirche gesagt wird. Man beruft sich dabei auf Aussagen unseres Herrn Jesus Christus, der sagte, „Gebt dem Kaiser, was des Kaisers ist" ohne hinzuzufügen „und Gott, was Gottes ist", und ohne die Einsicht, daß auch der Kaiser Gott geben muß, was Gottes ist; oder auf die Aussage Jesu auf die Frage des Pilatus, ob Er ein König sei, „mein Reich ist nicht von dieser Welt", unter Auslassung des Vorsatzes, „Ja, ich bin ein König". Alle Menschen, auch die Regierenden, die Politiker, müssen Gott geben, was Gottes ist. Dies besagt, daß sie Ihn als ihren Herrn und „Vorgesetzten", als ihren König anerkennen müssen, der den Staat und die Gesellschaften, den sie regieren und die sie verwalten, geschaffen hat, der ihnen ihre Autorität verliehen hat. Und daß Sein Reich nicht von dieser Welt ist, wird von niemandem bestritten. Weder Christus noch Seine Kirche erheben den Anspruch, die Regierungsgeschäfte zu übernehmen. Doch daß Sein Reich nicht *von* dieser Welt ist, bedeutet nicht, daß Sein Reich nicht *in* dieser Welt ist. Das Reich Gottes ist im Himmel und auf Erden, und täglich betet der Christ, daß Sein Reich kommen möge, im Himmel, als auch auf Erden, und er meint damit nicht, daß es auf Erden erst dann kommen soll, wenn die Erde untergeht.

Jesus Christus ist in doppelter Weise unser Herr und König. Durch ihn ist alles erschaffen, also auch wir und unsere Gesellschaften, Gemeinschaften, Familien und Staaten, und Er hat uns durch Seine Menschwerdung und Sein Leiden am Kreuz erlöst. Ohne diese Erlösung wären wir alle zum Untergang verdammt, ja, vermutlich würde die Welt heute schon lange nicht mehr bestehen ohne das Werk Seiner Erlösung, denn unsere Sünden hätten uns längst umgebracht. Leider fehlt den meisten Menschen heute ein auch nur rudimentäres Verständnis ihrer Erlösungsbedürftigkeit, ein Verständnis, das früher in allen Kulturen präsent war. Einem Menschen, der allenfalls von seinen finanziellen Schulden bei der Bank erlöst werden möchte, ist deshalb auch die Not-Wendigkeit der Herrschaft Jesu Christi über unsere Gesellschaft nur schwer verständlich zu machen. Doch vielleicht reicht hier ein unverblendeter, realistischer Blick auf die gesellschaftlichen Verhältnisse, wie sie zuvor auch angedeutet wurden, um die Not-Wendigkeit der Erlösung zu verstehen. Der Mensch kann nicht aus eigener Kraft ohne Gott oder sogar gegen Ihn eine menschliche Gesellschaft schaffen. Die gewaltigen Schwierigkeiten, in denen unsere Gesellschaft und die ganze Welt sich befinden, können nicht aleine uns selbst beseitigt werden. Ist es nicht sogar vielmehr so, daß diese Schwierigkeiten um so eher zunehmen, je mehr wir sie durch die Techniken des Machens und Beherrschens „in den Griff zu bekommen“ versuchen? Jede scheinbare Lösung eines Problems, einer Katastrophe, führt zu weiteren Problemen und Katastrophen, die oft noch schlimmer sind als die vorherigen. Der Mensch ist nicht Gott und er wird auch nicht dazu, wenn er sich dies anmaßt.

Heißt dies nun, daß man die Hände in Schoß legen kann und sich auf das Gebet für die kommende Herrschaft Christi zurückziehen kann? Gewiß nicht! Die christliche Gesellschaft, sowenig sie ein Produkt des Menschen ist, ist nur durch die Mitwirkung des Menschen zu erreichen. Und wie kann der Mensch mit Christus zusammen wirken, damit Sein Reich kommt?

Dies beginnt bei jedem Einzelnen, in dem er Ihm die Herrschaft über sich selbst zugesteht. Christus muß in unseren Herzen herrschen; wir müssen uns Ihm öffnen, damit er in uns herrschen kann. Dann müssen wir Ihm unsere Ehe und Familie weihen. In jeder Ehe und Familie muß Christus der Mittelpunkt werden, nicht nur durch den früher üblichen „Herrgottswinkel", sondern besonders im praktischen, alltäglichen Leben, das immer wieder auf Ihn ausgerichtet werden muß: beim Morgengebet, beim Tischgebet, bei gemeinsamer Lektüre am Abend statt des Fernsehens und beim Abendgebet. So weihen wir Ihm alle unsere Tätigkeiten und unterstellen sie Seiner Herrschaft. Sodann müssen wir in den Institutionen auf Seine Herrschaft hinwirken. Im Büro, am Arbeitsplatz, bei Sport und Spiel, beim Verwandtschafts- und Freundschaftsbesuch müssen wir Ihn zu den Menschen tragen. Dies muß zu einem „neuen Marsch durch die Institutionen" werden; ein Rückzug in die behütete Umgebung der Kapelle ist dem Christen nicht gestattet. Er muß Christus, den er in der Hl. Kommunion empfangen hat und durch die er Seinem Leben gleichförmig gemacht wird – besonders seinem Leiden –, in die Gesellschaft hinaustragen und Ihn allen Menschen zeigen. Dazu gehört die Mitarbeit in den Berufsorganisationen, den Verbänden und Vereinen, wo immer dies möglich ist. Angestellte und Arbeiter engagieren sich in den Gewerkschaften, vor allem beim Christlichen Gewerkschaftsbund; sie arbeiten mit in ihrer Gemeinde, in der sie leben zum Wohle der Mitmenschen, nehmen teil an öffentlichen Gemeindeversammlungen und kandidieren für Gemeinde- Kreis- oder Landräte, wo dies möglich ist. Unternehmer arbeiten, geführt von unserem Herrn Jesus Christus, in den Industrie- und Handelskammern, den Innungen oder anderen Standesorganisationen mit und verbreiten hier mit Klugheit die Idee der sozialen Demokratie. Jeder findet in seinem Lebensbereich ein Betätigungsfeld. Nur so kann Christus in der Gesellschaft zur Herrschaft gelangen. Selbstverständlich wäre es Ihm ein leichtes, mit einem Schlag alles zu ändern und eine christliche Gesellschaft allein aufzubauen, doch dies ist ganz offensichtlich nicht Seine Absicht. Er will die Christen an diesem Werk beteiligen und erwartet ihre Mitwirkung. Und die Möglichkeiten, die die moderne Gesellschaft immer noch bietet, müssen von uns Christen ergriffen werden. Dies ist vor allem ein Gebot der Nächstenliebe, denn im Unterschied zu den meisten heutigen Menschen erkennen die Christen die Zeichen der Zeit und sehen, daß die Gesellschaft, der Staat und eine gewaltige Zahl von Menschen dem Untergang entgegengehen. Helfen wir also mit beim Aufbau einer wahrhaft gerechten, freien und friedvollen Gesellschaft, einer christlichen Gesellschaft, einer Gesellschaft des sozialen Königtums unseres Herrn Jesus Christus.

11. Enzyklika *Quadragesimo anno* Auszüge

Wir beschließen unsere Ausführungen mit den wichtigsten Auszügen aus der wegweisenden Enzyklika *Quadragesimo anno* Papst Pius XI. (1932), die sich auf einige Grundprinzipien der katholischen Gesellschaftslehre, besonders dem Subsidiaritätsprinzip beziehen, und der sich daraus ergebenden berufständischen Ordnung. Diese Enzyklika war die maßgebliche Richtschnur unserer vorhergehenden Überlegungen.

5. Die neue Gesellschaftsordnung

76. Alle Unsere bisherigen Ausführungen über die billige Verteilung der Erdengüter sowie über die Lohngerechtigkeit betrafen unmittelbar den Einzelmenschen und nur mittelbar die Gesellschaftsordnung. Unseres Vorgängers Leos XIII. ganzes Sinnen und Trachten aber ging gerade auf deren Wiederaufrichtung nach den Grundsätzen gesunder Sozialphilosophie bis zu ihrer Vollendung nach den erhabenen Vorschriften des Heilsplans der Frohbotschaft.

77. Ein glücklicher Anfang ist gemacht. Um ihn aber zu sichern und um durch Ausführung des noch Ausstehenden zum guten Ende zu kommen, wodurch dem Menschengeschlecht erst die reichsten und beglückendsten Segnungen zuteil werden, braucht es vor allem zwei Dinge: Zuständereform und Sittenbesserung.

78. Bei der Zuständereform denken Wir zunächst an den Staat. Nicht als ob alles Heil von der Staatstätigkeit zu erwarten wäre; der Grund ist ein anderer. In Auswirkung des individualistischen Geistes ist es so weit gekommen, daß das einst blühend und reichgegliedert in einer Fülle verschiedenartiger Vergemeinschaftungen entfaltete menschliche Gesellschafsleben derart zerschlagen und nahezu ertötet wurde, bis schließlich fast nur noch die Einzelmenschen und der Staat übrigblieben - zum nicht geringen Schaden für den Staat selber. Das Gesellschaftsleben wurde ganz und gar unförmlich; der Staat aber, der sich mit all den Aufgaben belud, welche die von ihm verdrängten Vergemeinschaftungen nun nicht mehr zu leisten vermochten, wurde unter einem Übermaß von Obliegenheiten und Verpflichtungen zugedeckt und erdrückt.

79. Wenn es nämlich auch zutrifft, was ja die Geschichte deutlich bestätigt, daß unter den veränderten Verhältnissen manche Aufgaben, die früher leicht von kleineren Gemeinwesen geleistet wurden, nur mehr von großen bewältigt werden können, so muß doch allzeit unverrückbar jener höchst gewichtige sozialphilosophische Grundsatz fest gehalten werden, an dem nicht zu rütteln noch zu deuteln ist: wie dasjenige, was der Einzelmensch aus eigener Initiative und mit seinen eigenen Kräften leisten kann, ihm nicht entzogen und der Gesellschaftstätigkeit zugewiesen werden darf, so verstößt es gegen die Gerechtigkeit, das, was die kleineren und untergeordneten Gemeinwesen leisten und zum guten Ende führen können, für die weitere und übergeordnete Gemeinschaft in Anspruch zu nehmen; zugleich ist es überaus nachteilig und verwirrt die ganze Gesellschaftsordnung. Jedwede Gesellschaftstätigkeit ist ja ihrem Wesen und Begriff nach subsidiär; sie soll die Glieder des Sozialkörpers unterstützen, darf sie aber niemals zerschlagen oder aufsaugen.

80. Angelegenheiten von untergeordneter Bedeutung, die nur zur Abhaltung von wichtigeren Aufgaben führen müßten, soll die Staatsgewalt also den kleineren Gemeinwesen überlassen. Sie selbst steht dadurch nur um so freier, stärker und schlagfertiger da für diejenigen Aufgaben, die in ihre ausschließliche Zuständigkeit fallen, weil sie allein ihnen gewachsen ist: durch Leitung, Überwachung, Nachdruck und Zügelung, je nach Umständen und Erfordernis. Darum mögen die staatlichen Machthaber sich überzeugt halten: je besser durch strenge Beobachtung des Prinzips der Subsidiarität die Stufenordnung der verschiedenen Vergesellschaftungen innegehalten wird, um so stärker stehen gesellschaftliche Autorität und gesellschaftliche Wirkkraft da, um so besser und glücklicher ist es auch um den Staat bestellt.

Berufsständische Ordnung

81. In heißem Bemühen aber müssen Staatsmänner und gute Staatsbürger dahin trachten, aus der Auseinandersetzung zwischen den Klassen zur einträchtigen Zusammenarbeit der Stände uns emporzuarbeiten.

82. Erneuerung einer ständischen Ordnung also ist das gesellschaftspolitische Ziel. Bis zur Stunde dauert ja der unnatürlich-gewaltsame Zustand der Gesellschaft fort und ermangelt infolgedessen der Dauerhaftigkeit und Fe-

stigkeit; ist doch die heutige Gesellschaft geradezu aufgebaut auf der Gegensätzlichkeit der Interessenlagen der Klassen und damit auf dem Gegensatz der Klassen selbst.

83. Zwar ist Arbeit, wie Unser Vorgänger in seinem Rundschreiben darlegt, keine feile Ware, vielmehr ist in ihr immer die Menschenwürde des Arbeiters zu achten; auch kann sie nicht wie irgendeine beliebige Ware im Markte umgehen. Nichtsdestoweniger läßt bei der heutigen Sachlage Nachfrage und Angebot der Arbeitskraft die Menschen auf dem "Arbeitsmarkt" zwei Klassen, sozusagen zwei Kampffronten bilden; die Auseinandersetzung dieser Arbeitsmarktparteien aber macht den Arbeitsmarkt zum Kampffelde, auf dem die beiden Parteien in heißem Streite miteinander ringen. Die Notwendigkeit schleunigster Abhilfe gegenüber diesem Zustand, der eine Gefährdung der menschlichen Gesellschaft bedeutet, kann niemand verkennen. Durchgreifende Abhilfe aber hat die Ausräumung dieses Gegensatzes zur unerläßlichen Voraussetzung und erscheint kaum anders möglich als dadurch, daß wohlgefügte Glieder des Gesellschaftsorganismus sich bilden, also „Stände", denen man nicht nach der Zugehörigkeit zur einen oder andern Arbeitsmarktpartei, sondern nach der verschiedenen gesellschaftlichen Funktion des einzelnen angehört. Denn genau wie die nachbarschaftliche Verbundenheit die Menschen zur Gemeinde zusammenführt, so läßt die Zugehörigkeit zum gleichen Beruf - gleichviel ob wirtschaftlicher oder außerwirtschaftlicher Art - sie zu Berufsständen oder berufsständischen Körperschaften sich zusammenschließen. Das eine ist so natürlich wie das andere. Darum werden ja auch diese autonomen Körperschaften, ohne Wesensbestandstücke der bürgerlichen Gesellschaft zu sein, doch gern als ihre naturgemäße Ausstattung bezeichnet.

84. Ordnung bedeutet, wie der hl Thomas meisterhaft ausführt, Einheit in wohlgegliederter Vielheit. Eine rechte gesellschaftliche Ordnung verlangt also eine Vielheit von Gliedern des Gesellschaftskörpers, die ein starkes Band zur Einheit verbindet. Die Kraft eines solchen Einheitsbandes besitzen einmal die Güter und Dienstleistungen, deren Erzeugung bzw. Darbietung die Angehörigen des gleichen Berufsstandes, gleichviel ob Arbeitgeber oder Arbeitnehmer, obliegen, zum andernmal das Gemeinwohl, zu dem sämtliche Berufsstände, jeder zu seinem Teil, mitzuwirken und beizutragen haben. Und so alle, die einzelnen und die Stände, ihren Beruf erfüllen und Hervorragendes darin zu leisten sich bemühen.

85. Daraus ergibt sich ohne weiteres: in diesen Körperschaften liegt das Schwergewicht durchaus bei den gemeinsamen Angelegenheiten, deren bedeutsamste diese ist, die Mitwirkung des Berufsstandes zum allgemeinen Wohl des Gesamtvolkes möglichst fruchtbar zu gestalten. Angelegenheiten dagegen, die in besonderer Weise die Sonderinteressen der Selbständigen oder die Gehilfenschaft berühren, so daß ein Schutz gegen Vergewaltigung geboten sein muß, unterliegen vorkommendenfalls gesonderter Beratung und je nach der Sachlage auch getrennter Beschlußfassung.

86. Kaum bedarf es eigener Erwähnung, daß das, was Leo XIII. über die Staatsform lehrte, auch auf die Berufsstände oder berufsständischen Körperschaften sinngemäße Anwendung findet, nämlich: die Menschen haben die volle Freiheit, eine Form nach ihrem Gefallen zu wählen, wenn nur der Gerechtigkeit und den Erfordernissen des Gemeinwohls Genüge geschieht.

87. Ebenso nun, wie die Bürger der Gemeinde zu den verschiedensten Zwecken freie Vereinbarungen eingehen, denen beizutreten oder fernzubleiben ins freie Belieben des einzelnen gestellt ist, werden die Angehörigen des gleichen Berufes freie Vereinigungen unter sich bilden zu Zwekken, die mit ihrer Berufsausübung irgendwie zusammenhängen. Nachdem Unser Vorgänger Leo XIII. in seinem Rundschreiben sich so eingehend und lichtvoll über diese freien Vereinigungen verbreitet hat, mag es genügen, das Eine wieder einzuschärfen: der Mensch hat die volle Freiheit, nicht bloß solche Vereinigungen, die der Privatrechtsordnung angehören, ins Leben zu rufen, sondern auch "frei diejenige innere Lebensordnung, diejenigen Satzungen anzunehmen, die zum vorgesetzten Ziele am geeignetsten erscheinen". Nicht minder frei können Vereinigungen sich bilden, die über die Grenzen der Berufsstände hinausgreifen. Die heute schon bestehenden und segensreich wirkenden Vereinigungen aber mögen sich betrachten und nach Kräften auch betätigen als die Wegbereiter für eine berufsständische Ordnung, wie oben angedeutet, im Sinne christlicher Gesellschaftslehre.

88. Noch eines wird erfordert, das mit dem vorigen eng zusammenhängt. So wenig die Einheit der menschlichen Gesellschaft gründen kann auf der Gegensätzlichkeit der Klassen, ebensowenig kann die rechte Ordnung der Wirtschaft dem freien Wettbewerb anheimgegeben werden. Das ist der Grundirrtum der individualistischen Wirtschaftswissenschaft, aus dem all ihre Einzelirrtümer sich ableiten: in Vergessenheit oder Verkennung der

gesellschaftlichen wie der sittlichen Natur der Wirtschaft glaubte sie, die öffentliche Gewalt habe der Wirtschaft gegenüber nichts anderes zu tun, als sie frei und ungehindert sich selbst zu überlassen; im Markte, d.h. im freien Wettbewerb, besitze diese ja ihr regulatives Prinzip in sich, durch das sie sich vollkommener selbst reguliere, als das Eingreifen irgendeines geschaffenen Geistes dies je vermöchte. Die Wettbewerbsfreiheit - obwohl innerhalb der gehörigen Grenzen berechtigt und von zweifellosem Nutzen - kann aber unmöglich regulatives Prinzip der Wirtschaft sein. Die Erfahrung hat dies, nachdem die verderblichen individualistischen Theorien in die Praxis umgesetzt wurden, bis zum Übermaß bestätigt. Daher besteht die dringende Notwendigkeit, die Wirtschaft wieder einem echten und durchgreifend regulativen Prinzip zu unterstellen. Die an die Stelle der Wettbewerbsfreiheit getretene Vermachtung der Wirtschaft kann aber noch weniger diese Selbststeuerung bewirken: Macht ist blind; Gewalt ist stürmisch. Um segenbringend für die Menschheit zu sein, bedarf sie selbst kraftvoller Zügelung und weiser Lenkung; diese Zügelung und Lenkung kann sie sich aber nicht selbst geben. Höhere und edlere Kräfte müssen es sein, die die wirtschaftliche Macht in strenge und weise Zucht nehmen: die soziale Gerechtigkeit und die soziale Liebe! Darum müssen die staatlichen und gesellschaftlichen Einrichtungen ganz und gar von dieser Gerechtigkeit durchwaltet sein; vor allem aber tut es not, daß sie zur gesellschaftspolitischen Auswirkung kommt, d.h. eine Rechts- und Gesellschaftsordnung herbeiführt, die der Wirtschaft ganz und gar das Gepräge gibt. Seele dieser Ordnung muß die soziale Liebe sein; die öffentliche Gewalt aber hat sie kraftvoll zu schützen und durchzusetzen, was sie um so leichter vermag, wenn sie sich jener Belastungen entledigt, die, wie oben dargelegt, ihr wesensfremd sind.

89. Mehr noch: die verschiedenen Völker sollten angesichts ihrer starken gegenseitigen wirtschaftlichen Abhängigkeit und Ergänzungsbedürftigkeit durch gemeinsames Raten und Taten zwischenstaatliche Vereinbarungen und Einrichtungen schaffen zur Förderung einer wahrhaft gedeihlichen wirtschaftlichen Zusammenarbeit untereinander.

90. Werden so die Glieder des Sozialorganismus hergestellt und erhält die Volkswirtschaft wieder ihr regulatives Prinzip, dann wird, was der Apostel vom geheimnisvollen Leibe Christi sagt, auch auf diesen Organismus einigermaßen anwendbar sein: "Der ganze Leib, zur Einheit gefügt durch die Verbundenheit der Dienstleistungen aller Glieder, indem jeder Teil die ihm

angemessene Betätigung verrichtet, entfaltet sein Wachstum, bis er in der Liebe erbaut ist".

91. Nun ist unlängst eine eigenartige gewerkschaftliche und berufsständische Organisation eingeführt worden, die bei dem Gegenstand dieses Unseres Rundschreibens hier nicht ohne einige Charakterisierung und entsprechende Würdigung bleiben kann.

92. Der Staat verleiht der Gewerkschaft die rechtliche Anerkennung, und zwar nicht ohne Monopolstellung, insofern ausschließlich die so anerkannte Gewerkschaft Arbeitnehmer bzw. Arbeitgeber vertreten, ausschließlich sie Tarifverträge und Tarifgemeinschaften schließen kann. Die Zugehörigkeit zur Gewerkschaft ist freigestellt, und nur in diesem Sinne kann die gewerkschaftliche Organisation als frei bezeichnet werden, denn der Gewerkschaftsbeitrag und andere besondere Abgaben sind pflichtmäßig für alle Berufsangehörigen, gleichviel ob Arbeitnehmer oder Arbeitgeber, wie auch die von den rechtlich anerkannten Gewerkschaften geschlossenen Tarifverträge bindend für alle sind. Allerdings wird amtlich erklärt, daß die rechtlich anerkannte Gewerkschaft das Bestehen rein tatsächlicher Vereinigungen auf beruflicher Grundlage nicht ausschließt.

93. Die berufsständischen Körperschaften sind zusammengesetzt aus Vertretern der Arbeitnehmer und Arbeitgeber-Gewerkschaften des gleichen Gewerbes oder Berufszweiges. Als wirkliche und eigentliche Staatsorgane und Staatseinrichtungen üben sie die Oberleitung über die Gewerkschaften aus und stellen in Angelegenheiten, die gemeinsame Belange betreffen, die Übereinstimmung zwischen diesen her.

94. Arbeitseinstellungen sind verboten; wenn die streitenden Teile sich nicht einigen können, schlichtet die Behörde.

95. Schon eine flüchtige Überlegung läßt die Vorteile der insoweit kurz geschilderten Regelung erkennen: friedliche Zusammenarbeit der Klassen, Zurückdrängung der sozialistischen Organisationen und Bestrebungen, regelnder Einfluß eines eigenen Behördenapparats. Um jedoch in einer Sache von solcher Bedeutung nichts zu verabsäumen, sowie im Einklang mit den oben herausgestellten Grundsätzen und einigen weiteren, die hier folgen, müssen Wir ergänzen, daß es Uns nicht entgeht, wie manche die Befürchtung hegen, der Staat setze sich an die Stelle der freien Selbstbetätigung

statt sich auf die notwendige und ausreichende Hilfestellung und Förderung zu beschränken; sodann, die neue gewerkschaftliche und berufsständische Verfassung habe einen übermäßig bürokratischen und politischen Einschlag; endlich, trotz der angeführten allgemeinen Vorteile, die sie bietet, könne sie politischen Sonderbestrebungen mehr dienstbar sein als der Herbeiführung und Einleitung einer besseren gesellschaftlichen Ordnung.

96. Wir sind der Überzeugung, daß zur Erreichung dieses letzteren hohen Zieles mit wahrem und dauerhaftem Nutzen zuerst und mehr als alles andere der Segen Gottes und an zweiter Stelle die Mitarbeit aller Gutgesinnten not tut. Ferner, und zwar in zwingender Folge, sind Wir überzeugt, daß dieses Ziel um so sicherer erreicht wird, je größer der Anteil ist, den fachliche, berufliche und gesellschaftliche Sachverständigkeit, mehr noch aber die katholischen Grundsätze und ihre Auswirkung im Leben dazu beitragen. Diesen letzteren Beitrag, die Auswirkung, erwarten Wir nicht zwar seitens der Katholischen Aktion (die keine im strengen Sinne gewerkschaftliche oder politische Tätigkeit auszuüben beabsichtigt), wohl aber von seiten Unserer Söhne, die in der Katholischen Aktion eine vorzügliche Schulung nach diesen Grundsätzen für ihr Apostolat erhalten unter der Hirtensorge und dem Lehramt der Kirche, dieser Kirche, die auch auf dem oben umschriebenen Arbeitsfeld ihren gottgegebenen Auftrag, zu wachen und zu lehren, weder verleugnen noch vernachlässigen kann, wie überall, wo Fragen sittlicher Art zur Erörterung und zum Austrag kommen.

97. In der Tat, die von Uns umrissene Wiederaufrichtung und Vollendung der gesellschaftlichen Ordnung hat zur Voraussetzung die sittliche Erneuerung. Das lehrt eindrucksvoll die Geschichte. Es hat einmal eine gesellschaftliche Ordnung gegeben, die zwar auch nicht in jeder Beziehung vollkommen war, aber doch in Anbetracht der Zeitverhältnisse und Zeitbedürfnisse der rechten Vernunftordnung einigermaßen nahekam. Wenn diese Ordnung schon lange dahingegangen ist, so ist der Grund nicht der, daß sie der Anpassung an veränderte Verhältnisse und Bedürfnisse durch entsprechende Fortbildung und elastische Ausweitung nicht fähig gewesen wäre. Die Schuld liegt vielmehr an der selbstsüchtigen Engherzigkeit der Menschen, die - was doch ihre Pflicht war - der wachsenden Volkszahl keinen Raum innerhalb dieser Ordnung gewähren wollten, sowie an einer falschen Freiheitsidee und anderen falschen Ideen, unter deren Einfluß sie keine Autorität über sich anerkennen und jede Bindung abschütteln wollten.

98. So haben Wir nur noch mit der Wirtschaft von heute sowie mit ihrem großen Ankläger, dem Sozialismus, ins Gericht zu gehen und mit ebensoviel Freimut als strenger Gerechtigkeit beiden das Urteil zu sprechen, um die tiefste Wurzel des Übels aufzudecken und damit auch schon das erste und notwendigste Heilmittel zu bezeichnen: die sittliche Erneuerung.

Bibliographie

In der folgenden Bibliographie werden alle für die vorliegende Arbeit verwendeten Texte gelistet, auch solche, die im Text nicht ausdrücklich erwähnt werden.

Zitierte und andere Päpstliche Dokumente

Pius IX. Enzyklika *Quanta cura* (1864)
Leo XIII. Enzyklika *Rerum novarum* (1891)
Pius XI., Enzyklika *Divini illius magisteri* (1929)
Pius XI. Enzyklika *Quadragesimo anno* (1932)

Weitere Literatur

Baltz-Balzberg, Hugo (1934) Die österreichische Verfassung und das Konkordat vom 1. Mai 1934, Graz (Styria)

Cortés, Juan Donoso ([3]2007) Essay über den Katholizismus, den Liberalismus und den Sozialismus und andere Schriften, Wien (Karolinger)

Fellermeier, Jakob (1956) Abriß der katholischen Soziallehre, Freiburg i.Br. (Herder)

Fellermeier, Jakob (1980) Das Naturrecht und seine Probleme, Stein am Rhein (Christiana)

Marmy, Emil et al. (Hrsg.) (1945) Mensch und Gemeinschaft in christlicher Schau, Freiburg in der Schweiz, (Verlag der Paulusdruckerei)

Messner, Johannes (1934) Die soziale Frage der Gegenwart. Eine Einführung, Innsbruck, Wien, München (Tyrolia)

Messner, Johannes ([2]1936) Die berufständische Ordnung, Innsbruck, Wien, München, (Tyrolia)

Messner, Johannes ([2]1950) Das Naturrecht. Handbuch der Gesellschaftsethik, Staatsethik und Wirtschaftsethik, Innsbruck, Wien (Tyrolia)

Messner, Johannes (2001) Kurz gefaßte christliche Soziallehre, Wien

Ottaviani, Alfredo Kardinal (2008) Über die Beziehungen zwischen Kirche und Staat und über die religiöse Toleranz, Heusenstamm (Civitas 3)

Papst Pius XII. (1957) Die Soziallehre der Kirche. Nach „Rerum novarum“ und „Quadragesimo anno“, Nürnberg (Sebaldus)

Päpstlicher Rat für Gerechtigkeit und Frieden (Hrsg.) (2006) Kompendium der Soziallehre der Kirche, Freiburg, Basel, Wien (Herder)

Utz, Arthur-Fridolin, Groner, Joseph-Fulko (1954 – 1960) Aufbau und Entfaltung des gesellschaftlichen Lebens. Soziale Summe Pius XII. Drei Bände, Freiburg/Schweiz, (Paulusverlag)

Veuillot, Louis (2007) Die liberale Illusion, Dettelbach, (editiones scholasticae)

van der Velden, Josef (Hg.) (1932) Die berufsständische Ordnung. Ideen und praktische Möglichkeiten, Köln (Katholische Tat-Verlag)

von Arnim, Hans Herbert, (2008) Die Deutschlandakte. Was Politiker und Wirtschaftsbosse unsere Land antun. München, Bertelsmann Verlag

Waldstein, Wolfgang (2003) Das Naturrecht. Pluralistische Gesellschaft und Naturrecht, Schriftenreihe der Aktion Leben e.V., Nr. 16 Abtsteinach/Odw.

Waldstein, Wolfgang; Rainer, J. Michael ([10]2005) Römische Rechtsgeschichte. Ein Studienbuch, München (C.H. Beck)

Walterskirchen, Gudula (2004) Engelbert Dollfuss. Arbeitermörder oder Heldenkanzler, Wien (Molden)

Welty, P. Eberhard (1951 – 1958) Herders Sozialkatechismus. Ein Werkbuch der katholischen Sozialethik in Frage und Antwort, Drei Bände, Freiburg i. Br. (Herder)